LE RETOUR DE JACK L'ÉVENTREUR

J.B. LIVINGSTONE

LE RETOUR DE JACK L'ÉVENTREUR

EDITIONS GERARD DE VILLIERS

ISBN 2-7386-0195-2

CHAPITRE PREMIER

Lizbeth avançait à pas lents dans les ruelles de Whitechapel, le triste quartier ouvrier de l'est londonien. En cette dernière journée d'août, un brouillard glacial s'était abattu sur la capitale de l'Angleterre. La température, brusquement rafraîchie, avait dissuadé les badauds de se promener. Lizbeth aurait dû les imiter et rester chez elle. Mais elle manquait d'argent. Offrir aux amateurs ses charmes de demoiselle de petite vertu s'avérait indispensable pour survivre.

Pour les Londoniens des quartiers chics, Whitechapel n'existait pas. Les plus tolérants d'entre eux le tenaient pour un faubourg où des gens de qualité ne s'aventuraient pas. La tombée de la nuit ajouta encore au caractère sinistre des étroites artères dont beaucoup finissaient en impasses ou débouchaient dans Commercial Road.

Lizbeth avait rarement ressenti une telle impression de solitude. Pas un seul passant. Whitechapel semblait vidé de ses habitants, comme frappé d'une malédiction. A quelques pas derrière elle, des glissements, des frottements sur les pavés humides. Pour la première fois, Lizbeth eut peur. Pourtant, dans son métier, elle avait été obligée de repousser des clients agressifs ou indélicats. Mais ce soir, elle prenait en horreur ce quartier pouilleux, ces misérables demeures où s'entassaient de pauvres gens. Si les *Boarding Houses*, les dortoirs surpeuplés du XIXe siècle, avaient disparu, demeuraient encore des centaines de logis insalubres privés d'air et de lumière. La misère continuait à se dissimuler derrière des façades de briques noircies. Comment ne pas songer à cette époque affreuse où des milliers de misérables mouraient de faim ou de maladie, à ces jours gris où l'existence n'était qu'un long calvaire sous la lumière blafarde des lampadaires?

Une forme noire sortit de la brume. Lizbeth sursauta. Le brouillard était si dense qu'elle ne voyait pas à plus de un mètre. D'abord, elle recula. Puis elle le vit. Un homme de petite taille, âgé, vêtu de noir, le visage mangé par une barbe noire et les cheveux formant de petites tresses.

— Un rabbin... Qu'est-ce que vous faites ici? Il n'y a pas de synagogue.

Le religieux voulut s'enfuir. Lizbeth le retint par la manche.

— A moins que tu cherches une femme comme moi...

Nerveux, le rabbin se dégagea.

— Vous n'y pensez pas! Laissez-moi tranquille!

Déçue, Lizbeth n'insista pas. En cette soirée désespérante, elle aurait accepté n'importe quel compagnon, même un homme de Dieu égaré sur les sentiers du péché.

Elle hésita. Dans quelle rue se trouvait-elle ? A gauche, à droite, le même horizon gris et bouché. Elle se perdait dans ce Whitechapel qu'elle croyait si bien connaître. Le choc répété d'une canne sur le pavé la fit sursauter à nouveau. Elle courut, affolée, et se heurta à un homme de grande taille, coiffé d'un haut-de-forme et vêtu avec un rare raffinement. Redingote, bottines de cuir, gilet moiré, oignon en or... Il portait sur lui une véritable fortune.

— Mon prince ! Vous êtes ma chance, j'en suis sûre !

— Ecartez-vous, je vous prie.

— Mon prince, je vous en supplie... quelques pièces...

Avec une brutalité inattendue, le noble poussa Lizbeth contre un mur et s'enfonça dans le brouillard. Elle aurait été incapable de décrire son visage. Découragée, la demoiselle de petite vertu décida de rentrer chez elle. Persévérer aurait été stupide. La chance la fuyait.

Incapable de retrouver son chemin, elle confondit une ruelle qu'elle avait l'habitude d'emprunter avec une autre se terminant en cul-de-sac. Lorsqu'elle se heurta à un mur couvert de graffiti, elle comprit son erreur. En revenant sur ses pas, elle eut le souffle coupé. Une forme surgit de la masse blanchâtre.

La peur s'estompa.

— Encore vous...

Les deux mains serrèrent le cou de Lizbeth avec tant de rapidité et de puissance qu'elle n'eut pas le temps de crier. Elle était inconsciente quand la lame lui ouvrit la gorge.

CHAPITRE II

L'ex-inspecteur-chef trempa son blaireau dans un bol en bois de rose rempli de mousse à raser provenant de chez *Crabtree and Evelyn*, une très ancienne maison dont les articles de toilette restaient à base de produits naturels. Rasé de frais, discrètement parfumé avec une pomme d'ambre, celui que d'aucuns considéraient comme le nez le plus fin du Yard se rendit à la roseraie de son domaine sis à *The Slaughterers*, dans le Gloucestershire, loin de la capitale et de son agitation. Bien que la plus brillante carrière administrative fût promise à Higgins, ce dernier avait préféré prendre une retraite anticipée et se consacrer à l'entretien de sa pelouse, à la lecture des bons auteurs et à de longues méditations au coin du feu en compagnie de Trafalgar, un chat siamois aussi farouche qu'affectueux. S'il n'y avait eu la présence de Mary, une redoutable gouvernante de soixante-dix ans que pas même un rhume n'avait affectée au cours de sa longue existence, l'endroit eût été un véritable paradis.

Higgins aimait les interminables promenades en forêt sous un ciel gris, la pluie rarement interrompue, le bruissement des ruisseaux et le chant des arbres. Loin du monde et de ses folies, il avait appris à goûter les vertus ineffables du silence. En ce début du mois de septembre, les roses de Higgins étaient resplendissantes. N'utilisant jamais de produit chimique, l'ex-inspecteur-chef savait leur parler avec tendresse et respect. Il était fasciné par ces fleurs venant d'Asie Mineure, du Moyen-Orient et de Chine qui, par leurs coloris variés, composaient une symphonie aux tonalités sans cesse changeantes. Ce matin-là, il procédait à un croisement particulièrement délicat quand, à l'entrée du domaine, se fit entendre un klaxon qu'il connaissait trop bien. Celui de la Bentley d'occasion du superintendant Marlow.

Scott Marlow était un bon policier. Mal habillé, mais consciencieux. Malheureusement, il avait la détestable habitude de venir l'importuner, lorsqu'il n'utilisait pas le téléphone. Le superintendant, mandaté par les plus hautes autorités du Yard, tentait d'obtenir le concours de Higgins pour résoudre de délicates affaires criminelles où s'imposait le plus grand doigté. Le Yard ne semblait pas avoir compris que l'ex-inspecteur-chef n'avait plus l'intention de sortir de sa retraite.

Mary, les mains sur les hanches, tempêtait. L'arrivée intempestive de Marlow menaçait de lui faire rater une tarte au potiron qu'elle comptait servir au déjeuner. Higgins fut contraint d'intervenir et d'introduire le superintendant dans la partie du cottage où, selon leurs conventions, Mary ne pénétrait pas.

La mine contrite de Scott Marlow et son agitation plaidaient en faveur du dossier qu'il avait à défendre.

— Avez-vous lu le *Times*, Higgins ?

— Cortège habituel de catastrophes : le caoutchouc est en baisse, canicule sur le sud de l'Angleterre, guerre froide entre l'Est et l'Ouest... Rien de nouveau.

— Je voulais parler du crime commis à Whitechapel. L'entrefilet vous aurait-il échappé ?

— Bien sûr que non.

Scott Marlow était conscient d'avoir commis une lourde erreur en mettant en doute la perspicacité de Higgins et son étonnante capacité à se tenir informé de tout et de rien.

— Tout n'a pas été imprimé, avoua le superintendant.

— Voilà qui est surprenant. Qu'avez-vous donc caché au *Times* ?

— L'état de la victime. Une jeune prostituée, atrocement éventrée.

— Crime de rôdeur, était-il indiqué.

— Espérons-le, mais il y a cette lettre...

Marlow tendit le document à son collègue. Papier très ordinaire, lettres découpées dans les journaux : *Vous n'avez rien compris. Vous ne comprendrez rien. Je ne suis pas mort. Personne ne me passera la corde au cou. Le sang appelle le sang. Vous n'avez pas fini d'entendre parler de moi. Jack l'Éventreur.*

Higgins parut dubitatif.

— Il y a eu tellement de mauvaises plaisanteries de ce genre-là, rappela Scott Marlow. Mais la façon dont ce crime a été commis... Qu'en pensez-vous, Higgins ?

L'ex-inspecteur-chef lissa sa moustache poivre et sel.

— Je pense que vous êtes en proie à un début de panique. N'auriez-vous pas procédé à une enquête approfondie ?

Scott Marlow s'empourpra.

— En quelque sorte, si... Avec les méthodes de la police moderne, il nous a été facile d'enregistrer les témoignages et de les inventorier. L'ordinateur central nous a livré les noms d'une vingtaine de personnes suspectes qui ont été vues à Whitechapel dans les heures qui ont précédé le crime. Voudriez-vous examiner la liste ?

— Je suis à la retraite, mon cher Marlow. Vous faites de l'excellent travail. Et je ne suis pas voyant.

Le superintendant, dépité, sentit qu'il ne parvenait pas à intéresser Higgins à cette affaire sordide. Il en ressentit une sorte de soulagement. Il préférait que son intuition l'eût trompé. Si l'ex-inspecteur-chef ne manifestait pas davantage d'intérêt à la tragique disparition de la dame de petite vertu, c'est qu'il ne s'agissait que d'un fait divers derrière lequel ne se profilait pas la silhouette angoissante du plus fameux criminel de l'Histoire.

***

Scott Marlow parti, Higgins, debout près d'une

fenêtre, médita longuement. Trafalgar le siamois jugea cette attitude étrange. D'ordinaire, l'ex-inspecteur-chef se promenait, travaillait dans la roseraie, jardinait ou lisait. Quand les regards de l'homme et du chat se croisèrent, ils partagèrent une même inquiétude.

Le siamois n'avait pas tort de craindre l'avenir immédiat. Higgins était si préoccupé qu'il en oublia de lui préparer son repas. L'homme du Yard grimpa directement au premier étage et pénétra dans le bureau où Mary n'avait pas le droit de passer le moindre coup de plumeau. Vérifiant qu'il n'avait pas été suivi et que personne ne l'observait, Higgins fit pivoter un panneau de bibliothèque où figuraient des éditions reliées des œuvres de William Shakespeare. Il découvrit ainsi un très vieux coffre-fort qu'il savait inviolable pour l'avoir fait fabriquer par un artisan exceptionnel, ancien perceur de coffres en tout genre. L'ex-inspecteur-chef utilisa la combinaison que lui seul connaissait et ouvrit la porte blindée.

Dans ce sanctuaire étaient conservés une cinquantaine de carnets noirs contenant notes et indications sur des affaires criminelles traitées par le Yard, affaires si confidentielles que la vérité ne remonterait jamais à la surface. Higgins ne les avait pas consultés depuis très longtemps. La lettre apportée par Scott Marlow rappelait de si mauvais souvenirs que cette démarche lui avait paru nécessaire.

Cette fouille dans le passé le plus sombre aboutit au plus angoissant des résultats. Après avoir refermé le coffre et fait pivoter le panneau de bibliothèque, Higgins descendit précipitamment l'escalier et frappa à la porte de la cuisine de Mary.

— L'heure du repas est passée. Nous ne sommes pas dans une maison de fous, ici.

— J'aimerais utiliser votre téléphone.

Higgins avait refusé ce bruyant objet dans ses appartements. Mais Mary, fanatique du progrès, le faisait trôner au milieu des ses casseroles.

Elle haussa les épaules. Les lubies d'un ancien policier ne l'étonnaient pas. Cette race ne lui avait jamais plu.

Higgins décrocha et appela le Yard. Il demanda à parler d'urgence à Scott Marlow, revenu à son bureau depuis peu.

— Envoyez-moi immédiatement une voiture, mon cher Marlow. Le temps presse.

— Higgins? Mais pourquoi...

— La date. Nous sommes le 8 septembre. Faites boucler le quartier de Whitechapel par les forces de police. J'espère arriver à temps.

— A temps, mais pourquoi?

— Parce que Jack l'Éventreur a commis son second meurtre un 8 septembre.

***

Higgins joua de la malchance. La voiture du Yard avait subi un retard considérable dû à une crevaison. En se dirigeant vers Londres, elle s'enfonça dans une nappe de brouillard qui l'obligea à ralentir. Un barrage établi dans Whitechapel Road la contraignit à s'arrêter. Un policier conduisit Higgins auprès de Scott Marlow. Il se perdit deux fois avant de retrouver le superintendant, entouré des membres de l'identité judiciaire.

— Trop tard, murmura Higgins, en découvrant le corps éventré d'une femme étendue sur les pavés humides.

Scott Marlow était bouleversé.

— Enfin, vous voilà... Elle s'appelait Jenny. Une fille de mauvaise vie, comme la précédente. Elle a été étranglée, puis égorgée, puis...

Le superintendant, que la vue d'une goutte de sang faisait défaillir, n'osait décrire l'abominable spectacle. Voir Higgins, élégamment vêtu d'un blazer très strict et d'un pantalon de flanelle grise de chez *Trouser's*, le rassura. L'aspect bonhomme et tranquille de l'ex-inspecteur-chef, son visage serein, ses yeux pétillants, lui conféraient les qualités d'un père et d'un confesseur.

— Vos hommes ont-ils arrêté quelqu'un?

— Plusieurs personnes, répondit Scott Marlow. Elles tentaient peut-être de s'enfuir. En tout cas, elles cherchaient à fuir le quartier au plus vite. Nous n'avons pu empêcher le crime. Nous tenons certainement l'assassin. C'est incroyable, cette répétition du passé... Il y a de quoi devenir fou!

— Vous n'avez pas tort, estima Higgins, songeant à cette sinistre année 1888 où Jack l'Éventreur avait perpétré ses deux premiers crimes un 31 août et un 8 septembre.

Près du cadavre encore chaud, des morceaux de verre brisé. Higgins pria qu'on les ramassât avec soin à fin d'analyse. Levant les yeux, il distingua une inscription sur le mur d'en face. S'approchant, il constata qu'elle avait été écrite avec du sang : *Les juifs ne seront pas châtiés en vain*, proclamait-elle. L'ex-inspecteur-chef demanda qu'on la photographiât avant de prélever la macabre substance.

Un grincement le surprit. Au-dessus de la morte se balançait une enseigne rouillée sur laquelle était gravé un couteau de boucher. La boutique était fermée depuis des lustres. La serrure pendait. Il suffit de pousser la porte vermoulue pour qu'elle s'ouvrît. Sur le seuil, un nouveau message signé Jack l'Éventreur : *J'ai habité ici. Je m'y suis caché. Vous ne m'attraperez jamais.*

— Que vos hommes nettoient sommairement l'endroit, demanda Higgins à Marlow. C'est ici que je procéderai aux premiers interrogatoires.

CHAPITRE III

Pendant que les bobbys ôtaient le plus gros de la poussière, Higgins examinait les lieux. L'ancienne boutique avait été transformée en appartement de deux pièces, aussi misérables l'une que l'autre. Il avait été abandonné depuis longtemps, à en juger par la taille des toiles d'araignée. Jack l'Éventreur s'était-il vraiment dissimulé dans ce logis insalubre où le soleil n'avait jamais réussi à entrer?

Scott Marlow, de plus en plus mal à l'aise, apporta une nouvelle liste à Higgins. Elle ne comprenait plus que sept noms.

— Pourquoi ceux-là?

— Un simple recoupement. Ils faisaient déjà partie de la liste des vingt suspects. Voici la seconde fois qu'ils sont interpellés à Whitechapel le jour d'un meurtre. Il y a... Il y a aussi une sorte de dame qui voudrait voir la police. Moi, j'ai refusé de lui parler.

— Faites entrer.

— Higgins... ne pourrait-on choisir un autre endroit... mon bureau du Yard, par exemple?

— Faites entrer.

L'ex-inspecteur-chef avait pris place derrière une grande table de bois. Il avait trouvé une chaise paillée qui ne risquait pas de s'écrouler. Derrière lui, des fenêtres bouchées. A sa gauche, des étagères remplies de bibelots si dérisoires que personne n'avait songé à les voler.

La dame entra. Une jolie blonde d'une trentaine d'années, vêtue d'une robe à pois rouges largement décolletée devant comme derrière. Aux pieds, des escarpins de la même couleur qui ne devaient pas passer inaperçus. Higgins, qui appréciait une légère touche de maquillage semblable à l'ultime note de couleur apposée par Turner sur la toile presque achevée, jugea excessif celui de cette charmante personne.

— Je m'appelle Annabella, dit-elle. A Whitechapel, je connais tout le monde, sir.

— Je ne suis qu'un inspecteur du Yard, rectifia Higgins qui avait toujours refusé d'exposer ses titres de noblesse que seuls les vrais érudits connaissaient.

— Je m'excuse[1], dit Annabella avec un effroyable accent cockney[2] qui l'aurait fait immédiatement chasser d'une maison respectable.

— Quelle est votre profession, madame?

— Mademoiselle, précisa Annabella, dont les pommettes fardées rosirent. Je suis... assistante de cœur. J'aide les gens à mieux vivre, vous comprenez? Les problèmes sentimentaux, c'est mon job.

1. Equivalent français de l'inexcusable « *Pardon me* » qui fait exclure de la bonne société celui qui commet cette faute.

2. Le *cockney* est un argot des faubourgs de Londres.

Higgins passa sur les facilités de langage. Annabella, en dépit d'une éducation qui laissait à désirer, était vraiment une jolie femme.

— Les gens hésitent à causer, dit-elle. Mais pas à moi. Alors, j'ai recueilli les témoignages et je les ai donnés à la police. Il y en a d'autres qui ont causé directement, pour sûr, mais moi, je sais presque tout. J'aime la police. Mon papa était bobby. Alors, vous comprenez...

— En quelque sorte, vous appartenez à la grande famille du Yard, conclut Higgins.

Un magnifique sourire anima les lèvres délicieuses d'Annabella.

— Voilà, inspecteur. Vous m'avez compris.

« Comprise », rectifia Higgins mentalement.

— Je vous propose d'être mon assistante, mademoiselle. Je dois procéder au premier interrogatoire d'un certain nombre de suspects. Consentiriez-vous à m'aider ?

La jolie blonde tapa dans ses mains et sautilla sur place.

— Aider le Yard ? C'est formidable ! J'en ai toujours rêvé !

— Heureux de vous permettre de réaliser cet idéal. Voyons... Ce rideau déchiré, sur ma droite... S'il était réparé, vous pourriez vous cacher derrière et observer mes interlocuteurs.

— Je m'en occupe. Je suis la meilleure couturière de Whitechapel. Je vais chercher mon matériel et je reviens.

Higgins contint un sourire. Elle était tout à fait charmante. La mine de Scott Marlow, engoncé dans un costume étriqué et froissé, apparaissait nettement moins amène.

— Je suis très ennuyé, Higgins. Parmi les suspects, il y un personnage fort important... Un duc de très haut lignage. Je me demande s'il ne faudrait pas oublier sa présence. Supposez qu'il soit lié de près ou de loin à la famille royale ?

— Tout sujet de Sa Majesté a les mêmes devoirs devant la loi.

Le superintendant redoutait la rigueur morale de son collègue. Il craignait tout autant de commettre un impair qui ruinerait sa carrière. Depuis son enfance, Marlow était amoureux de la plus belle femme du monde, la reine Elisabeth II. Il rêvait d'appartenir au corps d'élite qui formait sa protection rapprochée. Encore fallait-il présenter d'impeccables états de service.

Higgins avait éprouvé une réelle difficulté à rester calme. Un duc... comment ne pas se souvenir du principal suspect de 1888, le duc de Clarence, Albert Victor Edouard, petit-fils de la reine Victoria, fils d'Edouard VII, oncle de la reine régnante, second dans l'ordre de la succession au trône? Le duc de Clarence, officiellement décédé en 1892, mais réellement mort en 1925 dans un asile de fous à la suite d'une syphilis inguérissable, n'avait-il pas été désigné comme le probable assassin des filles de rues qu'il avait prises en haine, les jugeant responsables de ses maux? L'Histoire se répétait-elle avec les mêmes accents tragiques?

— Tout de même, Higgins... Ne pourrait-on envisager une exception?

— Aucune exception. Cette affaire est peut-être plus grave que vous ne l'imaginez. Si mon interprétation est exacte, c'est la Couronne qui pourrait souffrir de ces drames, sinon l'Angleterre elle-même.

Le superintendant frissonna. Higgins venait de prononcer les paroles qu'il redoutait d'entendre.

— Comment agir ?

— Identifions le coupable avant le 30 septembre. Ce jour-là, Jack l'Éventreur a commis deux meurtres à une ou deux heures d'intervalle. Si l'assassin se prend pour sa réincarnation, il suivra fidèlement le calendrier. Aussi ne devons-nous écarter aucune piste, même si le chemin de la vérité nous conduit à l'un des personnages les plus éminents du royaume.

***

Annabella ne s'était pas vantée. Elle avait réparé de manière exemplaire le rideau qui la cachait, y ouvrant une légère fente. Le superintendant introduisit dans la misérable demeure un personnage hautain qui lui tendit son haut-de-forme, ses gants et une canne.

— Tenez-moi ça, mon brave. Où dois-je me rendre ?

Marlow indiqua la pièce du fond. Il confia les précieux objets à l'un de ses hommes et introduisit le suspect dans le bureau improvisé de Higgins.

— Je n'ai pas l'intention de séjourner longtemps dans ce bouge, annonça-t-il. Sachez, messieurs, que mon rang m'interdit de fréquenter de semblables endroits.

— Mais pas Whitechapel, rappela Higgins. Pourrais-je connaître votre identité ?

— Je suis lord Kiber Rennick. Cela vous suffit-il ?

Higgins avait reconnu ce duc, célèbre pour ses hauts-de-forme, ses gilets à l'ancienne et ses montres à gousset. Très maigre, la lèvre dédaigneuse, le front dégagé, il n'avait que mépris pour les gens inférieurs à sa condition et se piquait d'appartenir à une famille pourvue des plus faramineux titres de noblesse.

— De quelle manière justifiez-vous votre présence dans ce quartier le 31 août et aujourd'hui même, monsieur le duc ?

Otant et remettant une bague en or à l'annulaire gauche, lord Kiber Rennick évita le regard de l'ex-inspecteur-chef.

— Votre question est inepte. Par sens civique, j'ai accepté d'être interpellé. La plaisanterie a assez duré. Si vous continuez à m'importuner, je serai contraint de faire intervenir les plus hautes autorités de ce pays. Votre carrière pourrait être fort compromise, monsieur... Monsieur comment ?

— Higgins. Faites donc intervenir, lord Kiber. Je n'ai rien à craindre. Vous, en revanche, avez beaucoup à perdre. Deux meurtres viennent d'être commis. Un fou criminel rôde. Le devoir du Yard consiste à l'arrêter.

L'aristocrate ricana.

— Arrêtez-le, mon ami ! En quoi cela me concerne-t-il ? J'ai un dîner de cent cinquante couverts, ce soir, et je n'ai pas l'intention de faire attendre mes invités.

— Expliquez-moi les raisons de votre présence à Whitechapel et je vous libère.

Un instant, le regard de Higgins croisa celui de son interlocuteur. Il y déchiffra de l'angoisse et surtout un sentiment d'égarement. Lord Kiber Rennick semblait perdu dans un monde empli de brouillard où il ne parvenait pas à trouver de points de repère. Il semblait très fragile, incapable de résister aux événements. Sa morgue, apprise au cours d'une éducation trop stricte, ne servait qu'à cacher une faiblesse qu'il osait à peine s'avouer à lui-même.

— Je n'ai aucune explication, inspecteur, aucun alibi, comme vous dites dans votre langage policier. En aurais-je que je ne vous le donnerais pas. Votre comportement est intolérable et insultant. On ne soupçonne pas un homme comme moi.

Scott Marlow souffrait. Il eût préféré que son collègue lâchât sa proie au plus vite. Mais Higgins était connu pour son obstination et sa patience.

— Les hommes sont de curieux animaux, lord Kiber. On les croit nobles et ils sont vils.

— Cela suffit, inspecteur ! J'exige que...

Un toussotement interrompit l'aristocrate. Il se tourna vers le rideau.

— Il y a quelqu'un... On nous écoute !

Annabella sortit de sa cachette. En la voyant, lord Kiber Rennick blêmit.

— Connaissez-vous cet homme, mademoiselle ?

— Bien sûr. Il vient souvent dans Whitechapel.

— Je n'en supporterai pas davantage ! Le témoignage de cette fille n'a aucune valeur !

Furieux, le suspect quitta la pièce, prit au passage haut-de-forme, gants et canne et sortit de la misérable demeure à pas précipités. Marlow n'avait pas osé le retenir.

— Qu'est-ce qui lui prend ? s'étonna Annabella. D'ordinaire, c'est une brique.

Dans un langage suranné, quoique ne manquant pas d'élégance, l'expression désignait un gentleman silencieux comme une brique, d'aspect plutôt impénétrable et dépourvu de toute fantaisie.

— L'avez-vous... consolé ? demanda Higgins, arquant les sourcils avec une distinction que lui imposait cette délicate question.

— Moi ? Non. Il n'aime que les rousses.

— Aucune des deux victimes n'était rousse, précisa Scott Marlow avec soulagement. Ce fait innocente lord Kiber Rennick.

Higgins, utilisant un crayon Staedtler B à la pointe finement taillée, prit de nombreuses notes sur un carnet noir. Il craignait d'avoir à recouvrir de nombreuses pages de son écriture fine avant d'entretenir des certitudes.

— Tâchez de vous montrer plus discrète, recommanda-t-il à Annabella lorsque Scott Marlow alla chercher le second suspect.

CHAPITRE IV

Une petite femme à la peau mate et aux mains épaisses comme celles d'un lutteur s'avança avec hésitation. Ses yeux marron étaient inexpressifs, presque morts. Elle regarda autour d'elle, méfiante. Sa robe grise, coupée à la diable, avait connu de meilleurs jours. Un fichu mauve dissimulait ses cheveux.

— Votre nom, interrogea Higgins.

— Martha Sidgwell.

— Votre profession ?

— Sage-femme.

Le mauvais rêve continuait. En 1888, une sage-femme avait été soupçonnée. Connaissant l'anatomie, ayant pris les femmes et l'accouchement en horreur, ne s'était-elle pas déguisée en homme pour aller jusqu'au bout de sa folie ?

Higgins consulta le rapport que lui avait remis Scott Marlow.

— Mais vous n'exercez pas à Whitechapel... pourquoi être venue deux fois dans ce quartier à quelques jours d'intervalle ?

Martha Sidgwell baissa la tête. Le menton toucha presque la poitrine.

— Je venais voir une amie.

— Son nom?

— Juste une amie... on ne s'appelle pas par nos noms.

— Où habite-t-elle?

— Dans le coin... Elle n'a pas vraiment d'adresse. Vous savez ce que c'est, inspecteur... Les pauvres gens sont sans cesse obligés de déménager. Mais j'étais heureuse de la revoir.

— Peut-elle témoigner?

— Elle est partie en province, je crois... ici, il n'y a pas de travail.

L'ex-inspecteur-chef se leva et s'approcha de la robuste petite femme qu'il examina des pieds à la tête. Tétanisée, Martha Sidgwell n'osait pas bouger.

— Il y a une tache sur votre manche gauche, observa-t-il.

— Je ne suis pas une lady. Les nettoyages coûtent cher.

— J'ai l'impression qu'il s'agit de sang séché.

Scott Marlow s'approcha à son tour. Il se pencha sur le vêtement. La tache brune lui parut des plus suspectes.

— C'est fort ennuyeux, madame Sidgwell, mais je suis obligé de garder cette robe comme pièce à conviction.

La sage-femme, avec une étonnante rapidité, se colla le dos au mur.

— Jamais! Je suis une honnête femme! Vous n'avez pas le droit!

— Il existe une solution, proposa Higgins. Acceptez que je découpe le morceau de tissu taché. Le superintendant Marlow vous remettra un reçu en échange et le Yard vous indemnisera pour le dommage subi.

La sage-femme fit la moue puis accepta.

— Dans votre profession, estima Higgins, vous utilisez un certain nombre d'outils. En apparence, vous n'avez rien avec vous.

— Je suis venue voir une amie, inspecteur. Pas une patiente.

Il fallut quelques minutes à Marlow pour trouver une paire de ciseaux avec laquelle il découpa soigneusement le morceau de tissu incriminé.

— Votre adresse, exigea Higgins.

— Liverpool Street, à Tottenham.

— Ne disparaissez pas comme votre amie, recommanda-t-il. Nous devrons sans doute vous interroger à nouveau.

— Je n'ai rien vu, inspecteur. Je le jure.

— Ne gaspillez pas les serments. Ils pourraient se retourner contre vous.

— Je peux m'en aller ?

Higgins hocha la tête affirmativement.

— Drôle de femme, jugea Scott Marlow après le départ de Martha Sidgwell. Je fais immédiatement porter ce bout de tissu au labo. Si le sang était celui d'une des deux victimes...

Higgins tira un peu le rideau.

— Connaissez-vous cette sage-femme, Annabella ?

— Jamais vue.

— Pourtant, nous l'avons bien arrêtée à Whitechapel ! s'emporta Scott Marlow.

— Et moi, je vous répète que je ne l'ai jamais vue.

Higgins préféra mettre fin à la querelle naissante.

— Reprenez votre poste d'observation, Annabella.

Scott Marlow amena un personnage des plus falots, un petit homme vêtu de noir. A son chapeau et à ses tresses, Higgins reconnut aussitôt un rabbin. D'une voix aigrelette, il manifesta son mécontentement.

— Je suis rabbi Eliphas. Pourquoi me persécute-t-on ? L'œil du Malin me poursuit ! La police de ce pays ne doit pas lui prêter main-forte !

Higgins se fit conciliant.

— Le Yard ne cesse de lutter contre le mal. Quelles sont les raisons de votre présence à Whitechapel ?

La barbichette noire s'agita en cadence, tant le débit verbal du rabbin se précipitait.

— On me persécute sans arrêt ! Il y a un complot contre moi. Démontez-le et mettez ses instigateurs sous les verrous. Les voies du Seigneur m'ont conduit ici. Suivez-les, vous aussi, afin de triompher des ténèbres !

Scott Marlow avait une sainte horreur des mystiques de tout poil. Celui-là était aussi irritant que les autres. Mais il pouvait jouer la comédie. Un détail attira l'attention du superintendant. Le rabbin rabattait constamment un pan de sa veste, comme s'il tentait de cacher quelque chose. Marlow intervint d'une main ferme. Le rabbin protesta, mais n'eut pas la force nécessaire pour s'opposer au policier qui découvrit, accroché à la ceinture, un fourreau contenant un long couteau.

— Montrez-nous cette arme, exigea-t-il.

— C'est un objet sacré. N'y touchez pas!

Higgins intervint avec douceur.

— Voyons, rabbi Eliphas... soyez compréhensif. Si vous n'avez rien à vous reprocher, pourquoi refuser de nous montrer ce couteau?

— Je suis un sacrificateur religieux. J'égorge rituellement les animaux. Cette pratique ne concerne pas les incroyants.

A soixante ans, le rabbin avait un dos voûté et une allure fragile. Mais son énergie semblait intacte.

— Nous enquêtons sur deux meurtres abominables, indiqua Higgins, amical. Nous avons besoin du concours de tous les témoins.

— Je ne suis pas témoin. C'est Dieu qui a guidé mes pas. J'ai obéi à sa volonté, rien de plus.

— Je veux bien l'admettre, à condition de pouvoir examiner votre couteau. Sinon, vous deviendrez notre premier suspect.

— Moi, suspect? Moi, fils du Seigneur?

Le regard accusateur de Higgins persuada le rabbin que l'affaire devenait sérieuse. En tremblant, il sortit le couteau de son fourreau. Marlow le recueillit. Il constata que la lame était souillée de nombreuses taches brunâtres. Encore du travail pour le laboratoire.

— Il faudra me le rendre très vite, supplia le rabbin.

— Mieux vaudrait vous en procurer un autre, recommanda Higgins. Où logez-vous?

— Dans la chambre de la synagogue à l'East End. J'exerce dans la boucherie voisine.

— Ne quittez pas Londres.

Rabbi Eliphas, au moment de quitter la pièce, s'adressa au superintendant.

— J'aimerais que vous me rendiez ce couteau. J'y tiens beaucoup.

Le petit homme se retira, le dos voûté.

Higgins rédigea quelques lignes. Comment ne pas évoquer l'étrange israélite qui, en 1888, avait été désigné par plusieurs enquêteurs comme Jack l'Éventreur?

L'ex-inspecteur-chef consulta Annabella.

— Rabbi, on le connaît bien à Whitechapel! s'exclama-t-elle. Il vient au moins trois fois par semaine. Rien ne le rebute, ni le soleil ni la pluie ni le brouillard. Toujours en train d'arpenter les rues. Il ne ferait pas de mal à une mouche.

Annabella n'eut pas le temps de se cacher. Un homme furieux venait de faire irruption dans le bureau improvisé.

CHAPITRE V

— Je ne vais pas attendre des heures comme un vulgaire passant, tonna le personnage de cinquante ans au faciès brutal orné de favoris. La *Upper Class*[1] signifierait-elle encore quelque chose pour Scotland Yard ?

Higgins demeura assis.

— Dans une affaire criminelle, il n'y a pas de classes sociales.

Scott Marlow se voila la face. C'était avec des jugements de la sorte que l'ex-inspecteur-chef avait fait preuve, au cours de sa carrière, d'une originalité excessive et mal venue.

— Je m'appelle sir William Jameson, déclara l'homme en venant s'appuyer sur la table, bras tendus, et je suis l'un des meilleurs chirurgiens du Royaume-Uni. N'espérez pas me retenir une seconde de plus ou je déclenche un scandale dont vous ne vous remettrez pas.

Athlétique, le torse large, puissant, le chirurgien emplissait la pièce de sa présence. Il eût été un

1. Classe supérieure.

véritable séducteur si des traces de petite vérole n'avaient enlaidi son visage. Le cauchemar continuait. Le chirurgien William Gull n'avait-il pas été soupçonné, en 1888, d'être Jack l'Éventreur, lui qui était le praticien officiellement agréé par la reine Victoria?

— Vous serez libre, sir William, dès que vous m'aurez expliqué pourquoi vous rôdiez dans les parages de lieux où ont été commis deux meurtres abominables, au cœur d'un quartier qui sied fort peu à votre classe sociale.

— C'est tout simple, inspecteur. Je vais être franc et direct. Je suis marié à une femme remarquable. Nous nous estimons. Mais nous avons décidé de mener notre existence chacun de notre côté. Ici, je viens voir les filles. J'habite un quartier respectable où il me serait impossible d'assouvir mes instincts que je considère comme parfaitement normaux. A Whitechapel, personne ne me connaît. Dans ces ruelles, j'ai le droit de cuissage. Les femmes sont là pour nous servir, non?

— C'est une opinion. Puis-je vous demander l'autorisation de vous fouiller?

— Négatif.

— Vous nous cachez donc une vérité essentielle.

Le chirurgien éclata d'un rire forcé.

— Un homme comme moi n'a rien à cacher! Mais je suis respectable. Personne n'a le droit de me suspecter. Ne vous avisez pas de me toucher.

— Je mène une enquête, dit Higgins avec calme. J'irai jusqu'au bout. N'entravez pas cette démarche, si demeure en vous le sens de l'honneur et du devoir.

L'ex-inspecteur-chef et le chirurgien se défièrent du regard.

Scott Marlow, hésitant, s'approcha de sir William Jameson. L'aristocrate, crispé, garda les bras le long du corps. Avec crainte, le superintendant procéda à la fouille.

Portefeuille, mouchoir, une guinée... rien d'extraordinaire, à l'exception d'une paire de bas en soie sauvage d'une exceptionnelle qualité.

— A quoi vous servent-ils? interrogea Higgins.

— Affaire privée. Cela ne vous concerne pas.

— Nous sommes obligés de les conserver comme pièce à conviction, sir William.

— Qu'est-ce que ça signifie?

— Exactement ce que je viens de dire.

— Vous le regretterez, inspecteur! affirma le chirurgien, pointant l'index vers Higgins. On n'importune pas impunément sir William Jameson!

Le visage empourpré, le chirurgien sortit de la pièce à grandes enjambées. Higgins se tourna vers la jolie blonde que le praticien ne semblait pas avoir remarquée.

— Je vous écoute, Annabella.

— Celui-là, c'est un violent. Mieux vaut l'éviter.

— L'avez-vous... consolé?

— Moi? Sûrement pas. Je n'aime pas les excités de ce genre-là. Trop dangereux. Il me fait peur.

Scott Marlow s'entretint à voix basse avec Higgins. Ne serait-il pas prudent d'oublier la présence à Whitechapel de ce très célèbre et très influent chirurgien qui, à l'évidence, avait fourni un excellent alibi et ne pouvait endosser aucune responsabilité dans des crimes de sadique?

Mais Higgins se montra inflexible. Le superintendant se résigna à lui montrer le cinquième suspect de sa liste, un curieux personnage d'une cinquantaine d'années, grand, maigre, aux cheveux roux et au visage osseux parsemé de taches de son. Il ressemblait étrangement à Vincent Van Gogh.

Vêtu d'une veste de toile et d'un pantalon de velours, il portait un chevalet, des toiles et une valise contenant pots, tubes et pinceaux.

— Vous êtes peintre, constata Higgins avec amertume, songeant à Walter Sickert, l'artiste qui rôdait dans Whitechapel en 1888.

— En effet, sourit le suspect. Je m'appelle Walter Milford et j'ai l'habitude de travailler dans ce quartier. Il n'est pas beau, je sais, mais il a une âme. Celle du peuple et des petites gens. Les esthètes le dédaignent. Moi, je m'y intéresse.

L'homme parlait avec douceur. Il paraissait perdu, dépourvu de ressort, indifférent à ce qui l'entourait. Higgins vint à ses côtés.

— Puis-je voir vos œuvres?

— Avec plaisir, inspecteur. Il ne s'agit que de simples esquisses. Je compte les développer dans mon atelier.

Le carton à dessin était effectivement rempli de vues les plus diverses : façades de maisons, toits luisant de pluie, enfilades de pavés, passants perdus dans le brouillard, femmes aux visages fermés. Parmi elles, une figure intrigua Higgins. Une jeune personne souriante, charmeuse, attirante. Une jeune personne dont il avait vu les traits figés dans la mort. C'était le portrait de Jenny, la seconde victime du nouveau Jack l'Éventreur.

— Aviez-vous des... relations particulières avec cette femme, monsieur Milford ?

— Disons que j'avais de l'affection pour elle. C'était une fille gentille.

— Quand l'avez-vous peinte ?

— Hier, dans l'après-midi. Ce n'est pas mon œuvre la plus réussie. J'ai manqué d'inspiration.

— Ne vous a-t-elle dispensé aucune confidence ?

— Elle posait le moins longtemps possible et n'avait guère l'habitude de parler.

— Fréquentiez-vous aussi Lizbeth, tuée le 31 août ?

— Oui, bien sûr. Très gentille, elle aussi, comme toutes les autres. C'est affreux, ce qui arrive. Ce quartier était si paisible, si tranquille... un petit paradis pour un peintre amoureux de scènes de ce genre. Si ce drame ne s'était pas produit, mes toiles auraient réhabilité Whitechapel.

— N'en doutons pas, monsieur Milford. Je suis contraint de conserver le portrait de la victime, même inachevé. Il pourrait nous être utile.

— Je le regrette, inspecteur. Il me manquera...

— Souhaitons qu'il vous soit restitué. Où se trouve votre atelier ?

— Dans une petite rue, près du British Museum. Je dispose d'un grand sous-sol qui me sert d'atelier.

Higgins nota l'adresse et congédia le peintre. Consultée, Annabella déclara que Walter Milford courait effectivement les rues de Whitechapel pour y planter son chevalet et y trouver des sujets d'inspiration. Il avait l'habitude de discuter avec les habitants du quartier, les dames de petite vertu comme les autres. Il déjeunait et dînait ici et là, en compagnie de ses modèles, toujours flattés d'être immortalisés par un pinceau. Il ne semblait pas s'être attaché à l'un d'eux en particulier et personne n'avait eu à se plaindre de ses faits et gestes. Il ne posait guère de questions et ne paraissait vraiment passionné que par sa peinture, au point d'oublier parfois les avantages des demoiselles qui le jugeaient à leur goût.

L'ex-inspecteur-chef accumulait les notes, de son écriture fine et rapide. Ce qu'il avait redouté se produisait. L'assassin dément qui se glissait dans les traces de Jack l'Éventreur agissait avec le même génie du mal. Qu'attendre des deux derniers interrogatoires, sinon d'autres problèmes et d'autres énigmes ? Pourtant, il fallait aller jusqu'au terme de cette première étape de ses investigations, même si elle s'avérait aussi angoissante que décevante. L'adversaire auquel se heurtait Higgins ne commettrait pas la moindre faute. Attendre un faux pas de sa part serait illusion.

Quel visage avait-il décidé de prendre ?

CHAPITRE VI

Quand Montague Fitword entra à son tour dans la salle d'interrogatoire, Annabella avait repris son poste d'observation derrière le rideau. Par la fente, elle vit entrer un homme de petite taille, aux épaules étroites. Inquiet, nerveux, il dissimulait ses yeux derrière des lunettes noires. Une fine moustache noire accentuait la sévérité du visage.

— Maître Montague Fitword, déclara-t-il d'une voix qui se voulait ferme. A qui ai-je l'honneur?

— Higgins, Scotland Yard.

L'avocat ôta ses lunettes. Un tic agitait la paupière de son œil gauche. Son regard évita celui de l'ex-inspecteur-chef.

— Pourquoi vous trouviez-vous aujourd'hui, 8 septembre, à Whitechapel, de même que le 31 août?

Montague Fitword chaussa à nouveau ses lunettes noires.

— Simple promenade d'agrément.

— Dans ce quartier?

— On ne connaît jamais assez le grand Londres.

— Avez-vous ici des amis, des relations? s'étonna Higgins.

— Simple promenade, répéta l'avocat, buté.

— Où se trouve votre cabinet, maître?

— Dans la City. Mon appartement est au-dessus. Désireriez-vous ma carte?

— Soyez aimable de la remettre au superintendant Marlow.

L'avocat s'exécuta avec sécheresse.

— De nombreux rendez-vous m'attendent, messieurs. J'estime que ma collaboration avec le Yard est terminée.

Montague Fitword fit mine de partir.

— Ce n'est malheureusement pas notre avis, l'interrompit Higgins.

L'avocat se retourna le visage défait.

— Comment? Que voulez-vous dire?

— En tant qu'homme de loi, remarqua Higgins, reconnaissez que vos arguments sont d'une insigne faiblesse. Dois-je vous rappeler que deux meurtres abominables ont été commis? Rien, jusqu'à présent, ne justifie votre présence dans ce quartier.

Scott Marlow se sentit mal à l'aise. Il ne croyait guère à l'intuition, préférant se fier aux progrès d'une police scientifique et rationnelle. Mais cet homme avait le comportement d'un individu dont la conscience était chargée de lourdes fautes.

Montague Fitword tenta de sourire. Il ôta ses lunettes et les chaussa plusieurs fois de suite.

— Vous insultez Whitechapel, inspecteur... ce n'est tout de même pas un ghetto interdit aux honnêtes citoyens! Vous ne croyez tout de même pas que le fantôme de Jack l'Éventreur continue à y rôder?

Higgins était beaucoup plus troublé qu'il ne le laissait paraître. En 1888, l'avocat Montague John Druitt n'avait-il pas été soupçonné?

— Cette plaisanterie commence à m'importuner, continua le petit homme nerveux. Vous n'avez aucune raison légale de m'emprisonner dans ce bouge.

Le ton de l'ex-inspecteur-chef s'adoucit.

— N'exagérons rien maître. Il s'agit d'un interrogatoire de routine destiné à nous aider dans la quête de la vérité. Votre témoignage nous est précieux. N'avez-vous rien remarqué d'insolite?

— Moi? Non, rien... Rien du tout. J'aimerais vous aider, bien sûr, mais j'en suis incapable... Je me promenais, c'est tout. Et quand je me promène, je réfléchis. Je ne fais attention à rien. Le monde extérieur n'existe plus. C'est une sorte de méditation.

— Je comprends, admit Higgins. Accepteriez-vous de vider vos poches?

L'avocat, comme piqué par un aiguillon, recula de deux pas.

— Hors de question!

Scott Marlow, excédé, jugea bon d'intervenir.

— Auriez-vous quelque chose à nous cacher, maître? Une arme blanche ensanglantée, par exemple?

Montague Fitword plaqua les lunettes noires sur ses yeux.

— Une arme... bien sûr que non! Je suis un

pacifiste, un non-violent... Jamais je n'ai manié d'arme!

— Si vous êtes innocent et si votre conscience est en paix, laissez-moi donc vous fouiller. Quel risque courez-vous?

Crispé, presque tétanisé, l'avocat accepta. Les investigations de Scott Marlow aboutirent à un curieux résultat. Outre ses papiers, Montague Fitword avait sur lui une très forte somme d'argent, en livres et en guinées, répartie dans les poches de sa veste et de son pantalon.

— Bien entendu, dit Higgins, vous ne justifierez pas la présence de cette petite fortune?

— Bien entendu, rétorqua vivement l'avocat, arrachant les billets des mains du superintendant. Puis-je regagner mon bureau, à présent?

Marlow espérait que son collègue sortirait de sa manche une carte suffisante pour retenir le suspect. Mais Higgins demeura passif, se contentant, après la sortie de l'avocat, de consulter la jolie Annabella.

— C'est bizarre, dit-elle. Je ne le connais pas et, pourtant, j'ai l'impression de le connaître...

— Pourriez-vous être plus claire?

La ravissante blonde paraissait profondément contrariée.

— Non... je ne saurais quoi dire de plus. Ce drôle de type, j'ai pu le voir sans le voir... Il est si terne, si incolore... Exactement le genre d'apôtre qui pourrait se glisser dans la peau de n'importe qui.

Higgins nota soigneusement les appréciations d'Annabella qui reprit sa faction derrière le rideau.

— Il reste un suspect, annonça Scott Marlow.

— Faites entrer.

« Falstaff ressuscité », pensa Higgins en voyant apparaître un personnage à l'énorme embonpoint, à la barbe abondante et hirsute, et à l'accent russe prononcé.

— Inspecteur ! cria-t-il, levant les bras et frappant du pied sur le parquet usé, déplaçant ainsi un nuage de poussière. Inspecteur, c'est insensé ! M'accuser de meurtre, moi, Sergueï Sitachenko, un adorateur de la petite vierge Marie et la crème des hommes ! Moi qui ai trouvé en Angleterre une terre d'accueil pour mon cœur d'exilé !

Le Russe s'agenouilla et croisa les mains dans un geste de prière.

— N'accablez pas le pauvre Sergueï, inspecteur ! Il n'a jamais commis de mauvaise action, il vous le jure !

La voix grave du Britannique d'adoption tremblait d'émotion.

— Relevez-vous, monsieur Sitachenko, ordonna Higgins. Que faisiez-vous à Whitechapel, tout près des lieux où furent commis des meurtres, le 31 août et aujourd'hui même ?

Restant à genoux, l'obèse baissa la tête.

— Je venais y chercher de la tendresse, avoua-t-il. Beaucoup de tendresse... toute cette tendresse dont j'ai tant besoin ! J'ai mes habitudes, ici. On me connaît bien. Il y a tellement de jeunes filles gentilles, qui sont aux petits soins pour moi. C'est dur, l'existence, loin de son pays... Alors, il me faut des compensations. Quand mon âme souffre trop, je viens à Whitechapel. Normal, non ?

Scott Marlow était révolté. Comment l'Angleterre morale et rigoriste de la reine Victoria, le modèle de la civilisation, pouvait-elle s'en aller ainsi à vau-l'eau? Comment l'*establishment* pouvait-il accepter que des mœurs aussi dissolues dénaturassent ainsi un quartier de la capitale de l'Empire? S'il n'avait tenu qu'à lui, il aurait immédiatement mis sous les verrous cet ivrogne dont les vêtements étaient imprégnés d'une détestable odeur d'alcool à bon marché.

— Avez-vous remarqué quelqu'un ou quelque chose d'étrange? interrogea Higgins.

Le Russe se releva, goguenard.

— Moi, Sergueï Sitachenko? Pas possible, inspecteur!

— Pourquoi donc?

— La boisson, inspecteur! La sublime ivresse m'emmène loin des turpitudes de ce bas monde! Les femmes m'adorent, quand je suis parti au paradis de Bacchus. Et moi, je ne discerne plus que leurs charmes... Souhaitez-vous que je les décrive, inspecteur?

— Ce ne sera pas nécessaire, monsieur Sitachenko.

— Vous voulez me fouiller, je parie? Aucun problème. Je n'ai presque rien! Un émigré n'emporte qu'un peu de terre à la semelle de ses souliers!

Le Russe vida les poches de sa veste de laine et de son pantalon de velours. Un mouchoir, quelques billets d'une livre, des cure-dents en bois.

— Où logez-vous, monsieur Sitachenko?

— Boarnfield Road, à la limite de Whitechapel. Une maison de brique, à l'entrée de la ruelle.

— Vous avez oublié la poche arrière de votre pantalon, indiqua Higgins.

— Ah ? Elle est vide.

— Vérifiez quand même.

— Ce ne sera pas nécessaire, inspecteur... Je vous dis qu'elle est vide.

— Obéissez, exigea Scott Marlow, sévère.

Impressionné par l'allure martiale du superintendant, le Russe explora enfin la poche incriminée. Il en sortit un camée qu'il présenta, au creux de sa main poupine, à Scott Marlow.

Au centre de la pierre dure, une photographie très nette, quoique de petite taille, protégée par un verre. Le superintendant, troublé, la montra à son collègue.

— Regardez attentivement, Higgins. Est-ce que...

— C'est bien elle, mon cher Marlow. Lizbeth, la jeune femme assassinée le 31 août.

Sergueï Sitachenko sentit peser sur lui le regard inquisiteur des deux policiers.

— Lizbeth, avoua-t-il, c'était une grande amie... Nous nous aimions beaucoup. Elle m'avait fait cadeau de son portrait. Une fille si gentille, si tendre...

Comment Higgins n'aurait-il pas songé aux accusations formulées, en 1888, contre un certain Pedachenko, un immigré russe que d'aucuns avaient identifié comme Jack l'Éventreur ?

— De quoi vivez-vous, monsieur Sitachenko ? interrogea Higgins.

— De petits services, ici ou là... Il m'arrive d'arracher une dent à de pauvres gens, de porter des caisses aux docks.

— Ne quittez pas Londres sans nous prévenir.

— Moi, quitter cette ville merveilleuse ? Jamais, inspecteur !

Le Russe sortit en clamant son innocence et sa dévotion à la petite vierge Marie. Annabella avait contenu à grand-peine un fou rire.

— Pauvre Sergueï... toujours aussi fou !

— Vous le connaissez donc bien ? demanda Higgins.

— C'est un grand amateur de... tendresse.

— Vous-même...

— Moi-même... un tout petit peu. Je ne suis pas exactement son genre. Il y avait surtout cette pauvre Lizbeth. Celui-là, à mon avis, vous pouvez l'éliminer.

— Pourquoi donc ?

— C'est un grand sentimental. Je ne le vois pas en train de tuer une femme !

— La nature humaine est compliquée et dissimulatrice, mademoiselle. Connaissez-vous les vers délicieux de la poétesse Harriett J.B. Harrenlittlewoodrof : « Quand le mouton se transforme en tigre, il est plus cruel que le chacal » ?

Annabella n'avait même pas lu Shakespeare. Elle demeura néanmoins sur ses positions : le gros bonhomme n'avait pas l'âme d'un assassin.

— Soyez remerciée pour votre parfaite collaboration, mademoiselle. Sans doute serons-nous appelés à nous revoir.

La jolie blonde offrit à Higgins son plus délicieux sourire.

— Avec plaisir, inspecteur.

CHAPITRE VII

— Ce n'est vraiment pas une partie de plaisir, constata Scott Marlow, précédant Higgins dans les couloirs de la morgue.

Le superintendant n'aimait ni le sang ni les cadavres. A l'heure de la police scientifique où l'ordinateur se montrait capable de résoudre mille énigmes, pourquoi fallait-il encore se frotter à d'aussi détestables réalités? Mais Higgins avait insisté pour voir les restes suppliciés des deux victimes, Lizbeth et Jenny. Scott Marlow s'en était étonné. D'ordinaire, l'ex-inspecteur-chef ne suivait que sa propre méthode, presque indifférent aux indices que le Yard qualifiait d'« objectifs ». Cette fois, Higgins paraissait soucieux et revenait à l'abc du métier.

Le légiste en blouse blanche, à la tête coiffée d'un calot, tira lui-même les deux tiroirs réfrigérés contenant les dépouilles des deux jeunes femmes. Quand il ôta le drap, Marlow ferma les yeux. Le spectacle était insoutenable. Higgins, qui avait pris soin d'absorber des granules de *Nux Vomica* de chez *Nelson's* afin d'éviter toute manifestation intempestive de son estomac, dut néanmoins faire appel à toutes les ressources de son self-control. Sous la lumière impitoyable d'un néon, il constata les terribles blessures infligées aux corps des victimes. Toutes deux avaient été égorgées avec une rare violence, la tête étant presque séparée du tronc.

— En ce qui concerne le ventre, indiqua le légiste, très sombre, j'ai réparé un peu... c'était trop affreux. Vous avez les rapports et les photos. Vous voulez les voir ?

— Il le faut bien, soupira Higgins. Les mutilations...

— Heureusement pour les victimes, elles ont eu lieu après la mort.

Pendant que le médecin administrait un cordial à Scott Marlow, l'ex-inspecteur-chef, profondément remué, examina les documents tout en se référant à plusieurs reprises à des notes prises sur son carnet noir.

— Pensez-vous que ces crimes soient l'œuvre macabre de quelqu'un qui connaît l'anatomie ? demanda-t-il au légiste.

— Si l'on veut... mais pas besoin d'être un grand chirurgien. Un boucher aurait pu agir de la sorte. Je soulignerai surtout l'incroyable démence de l'assassin. Il a frappé avec une force de schizophrène au maximum de sa crise. Je n'ai jamais vu ça. Une vraie bête féroce.

— Les deux victimes ont-elles subi des agressions sexuelles ?

— Pas la moindre, inspecteur. Je suis formel. L'assassin voulait tuer et détruire, rien d'autre.

Le cauchemar continuait à prendre forme. La date des meurtres, les crimes eux-mêmes, les affreuses blessures, la mutilation, l'acharnement... Tout cela portait la marque de Jack l'Éventreur! Quant aux suspects repérés par le superintendant Marlow, n'étaient-ils pas les inquiétantes réincarnations de ceux de l'horrible année 1888?

Il y avait de quoi devenir fou. Certains ne tarderaient pas à croire que Jack l'Éventreur n'était pas mort et qu'après de trop courtes années de répit il avait décidé de se lancer dans une nouvelle croisade meurtrière contre les dames de petite vertu de Whitechapel. Cela ne se pouvait pas... Utilisant de vieilles méthodes apprises en Orient, où il avait passé son adolescence, Higgins ralentit sa respiration et recouvra un calme propice à la réflexion. Ces crimes atroces n'avaient pas été commis par un spectre, mais par un être de chair et de sang. Fût-il dément, il avait un mobile et répondait à une logique. A Higgins de les découvrir pour éviter d'autres drames.

*
**

Quand le grand patron de Scotland Yard ouvrit lui-même la porte de son bureau et pria Higgins d'y entrer, Scott Marlow contint difficilement un soupir de soulagement. La négociation avait été longue et difficile. Convaincre Higgins de revenir en des lieux où, en raison de son sens trop aigu de la vérité, il avait décidé de mettre fin à sa carrière après avoir bravé la hiérarchie, constituait un véritable exploit. Par bonheur, les temps avaient changé. Le lord chargé de diriger le Yard n'était plus le même. C'était sans doute la raison majeure pour laquelle Higgins s'était laissé fléchir.

Marlow et son collègue prirent place dans deux fauteuils de cuir fauve à haut dossier. Le grand patron du Yard, un homme hautain et sec, d'une soixantaine d'années, s'installa derrière son bureau, vide de tout papier. Il décrocha son téléphone et exigea qu'on ne le dérangeât pas pendant son entretien, quelle que fût la durée de celui-ci.

— J'ai beaucoup entendu parler de vous, inspecteur Higgins. Depuis que vous êtes à la retraite, vous avez, à plusieurs reprises, évité bien des difficultés au Yard et aux plus hautes autorités de ce pays. Me permettez-vous de vous en féliciter?

— Ce serait tout à fait excessif. Le mérite en revient à mon ami le superintendant Marlow. En consentant à me demander conseil en quelques occasions, il m'a honoré de sa confiance.

Le grand patron du Yard regarda Scott Marlow d'un autre œil.

— J'en prends note. Vous ne nierez pas, cependant, être considéré comme le meilleur « nez » du Yard par de nombreuses personnes dont la compétence ne saurait être mise en doute.

— Vous connaissez comme moi, sir, la versatilité des opinions humaines.

— Admettons. Je suis heureux de constater que le superintendant Marlow s'est assuré votre concours dans cette horrible affaire. Auriez-vous... un début de piste?

Scott Marlow n'en menait pas large. Il craignait que l'ex-inspecteur-chef se montrât peu conciliant, voire acide envers le chef d'une hiérarchie qu'il avait combattue. Mais Higgins semblait en proie à des tourments qui lui faisaient oublier cet austère bureau et la personnalité administrative de celui qui l'occupait.

— A mon avis, sir, cette affaire est extrêmement grave. Beaucoup plus grave encore que nous ne l'imaginons.

Le patron du Yard fronça les sourcils.

— Pourquoi ce pessimisme?

— Le 31 août, rappela Higgins, une prostituée de Whitechapel, Lizbeth, a été assassinée. Le 8 septembre, ce fut le tour de sa collègue Jenny. Le 31 août 1888, Jack l'Éventreur a tué Mary Nicholls, le 8 septembre Annie Chapman. D'après l'examen des cadavres, le criminel que nous recherchons a imité son abominable prédécesseur.

— Vous ne voulez quand même pas dire...

Higgins se leva et, mains croisées derrière le dos, arpenta le bureau du grand patron du Yard. Scott Marlow craignit un instant que ce dernier ne fût offusqué par cette conduite peu protocolaire, mais il demeura suspendu aux lèvres de l'ex-inspecteur-chef.

— Il n'existe que trois solutions, sir. La première relève de l'irrationnel le plus absurde : Jack l'Éventreur utiliserait un élixir de jouvence qui lui permettrait de continuer à frapper. Mais, en ce cas, pourquoi aurait-il attendu si longtemps avant de reprendre ses sinistres activités? La seconde est exigée par la raison la plus obtuse : nous serions en présence de simples coïncidences. Vouer un tel culte au hasard, après tant d'indices troublants, me paraîtrait plutôt léger. Aussi suis-je partisan de la troisième solution : le retour de Jack l'Éventreur.

Le grand patron du Yard sursauta.

— Qu'est-ce que ça signifie ?

— Qu'un assassin a emprunté la personnalité d'un assassin qui a commis des crimes parfaits puisque son identité n'a jamais été clairement établie.

Higgins s'immobilisa et regarda fixement le grand patron du Yard dans les yeux. Les interrogations inquiètes qu'il y lut lui prouvèrent que le nouveau maître de la plus célèbre police du monde ne connaissait pas les dessous de l'affaire criminelle la plus mystérieuse du siècle précédent. C'était préférable. Dans le cas contraire, l'ex-inspecteur-chef aurait sans doute dû abandonner toute initiative. Mais le véritable danger n'était pas écarté pour autant.

— Vous savez comme moi, sir, que des soupçons ont pesé sur des personnalités très en vue et que la Cour elle-même a tremblé pour sa réputation. Malheureusement, dans la liste des suspects, établie avec une rare compétence par le superintendant Marlow, il y a des noms qui, là encore, évoquent de bien désagréables souvenirs.

Scott Marlow tendit à son supérieur la liste évoquée par Higgins.

— C'est, en effet, fort désagréable, reconnut le grand patron du Yard. Je présume que vous souhaitez pouvoir agir… en toute liberté ?

Higgins reprit sa lente marche de long en large.

— C'est l'évidence même, sir, avec les impératifs de doigté et de discrétion qu'une telle enquête implique. Mais il est un fait angoissant que je dois mettre en lumière : le 30 septembre, Jack l'Éventreur a commis deux nouveaux meurtres. Dans la même journée, à quelque heures d'intervalle, il a assassiné deux autres prostituées de Whitechapel, Elizabeth Stride et Catherine Eddows, en se livrant à une boucherie encore plus sanguinaire que lors de ses précédents forfaits.

— Et vous craignez que le même drame...

Un lourd silence envahit le bureau. Un instant abasourdi, le grand patron du Yard se reprit.

— Parfait. Puisque nous sommes prévenus, nous allons agir. Whitechapel sera bouclé par un formidable dispositif policier. Le plus beau quadrillage que le Yard ait jamais mis en place. Ce nouvel éventreur comprendra qu'il n'a aucune chance d'agresser une femme sans être immédiatement capturé. Quand sir Robert Peel's, dont j'occupe aujourd'hui le fauteuil, a fondé Scotland Yard, en 1822, il lui a fixé des buts : protéger la vie et la propriété, préserver la tranquillité publique et lutter contre le crime. Messieurs, je prends l'engagement formel que ces impératifs seront respectés.

— Restent les suspects, ajouta Higgins, moins ému que Scott Marlow par la beauté altière de la déclaration.

— En effet, reconnut le haut fonctionnaire. Quelle sera votre ligne de conduite ?

— L'ordre et la méthode, sir. Il me faut vérifier

certaines déclarations, comprendre la signification de certains silences, apprécier la portée de certaines omissions. Si, avec un peu de chance, je parviens à arrêter le coupable avant le 30 septembre, nous serons tous soulagés. Si j'échoue, ne conviendrait-il pas de mettre tous ces suspects sous surveillance afin d'empêcher de nuire l'assassin qui se cache parmi eux ? Dans la mesure où ma théorie est exacte, le nouveau Jack l'Éventreur est obligé d'agir à cette date précise. En l'en empêchant, nous lui infligerons une défaite qu'il ne pourra pas supporter.

— Excellente idée, reconnut le grand patron du Yard. Le superintendant prendra les mesures nécessaires. Il y a tout de même un bon signe, messieurs : la presse ne s'est pas encore emparée de l'affaire.

***

Le lendemain matin, *The Sun* publia le premier article d'une longue série consacrée au retour de Jack l'Éventreur. Avec un goût prononcé pour l'horrible, le rédacteur rappelait les mutilations subies par les victimes, évoquait le témoignage des modernes habitants de Whitechapel, invectivait Scotland Yard pour la mollesse de ses recherches puis posait une série de questions plus inconvenantes les unes que les autres. Jack l'Éventreur n'avait-il pas échappé à l'arrestation parce qu'il était un avocat célèbre, ou bien un chirurgien protégé par la Cour ou bien encore un duc, petit-fils de Victoria et frère du futur George V ? La Couronne n'avait-elle pas exigé la démission du chef de la police et jeté un voile pudique sur cette affaire qui touchait l'honorabilité de la famille royale ?

Un échotier osa même écrire que l'oncle de la reine mère et grand-oncle de la reine Elisabeth II n'était autre que Jack l'Éventreur ! Une verte réplique du grand patron de Scotland Yard, prolongée par celles du ministre de la Justice, du porte-parole du gouvernement et de celui de la famille royale, modéra une campagne de presse bientôt jugée excessive par l'opinion publique.

Mais l'inquiétude ne cessa de grandir et la rumeur de se propager. Le 11 septembre, Higgins, qui avait préféré résider chez un ami plutôt que d'accepter le logement de fonction offert par le Yard, se rendit au bureau de Scott Marlow pour y faire le point.

— C'est insensé, Higgins ! Nous croulons sous des centaines de lettres écrites par des déments ! Ils ont tous vu Jack l'Éventreur, de Liverpool à Glasgow en passant par Canterbury ! Quant aux appels téléphoniques, je préfère ne pas en parler. Le standard est saturé en permanence. Il y a même un membre de la Chambre des lords à qui j'ai été obligé d'accorder rendez-vous et qui m'a déclaré, avec le plus grand sérieux, que Jack l'Éventreur était un vampire n'agissant qu'à la pleine lune. Pour preuve de ses dires, il m'a montré un grimoire rempli de formules de sorcellerie !

— L'important, mon cher Marlow, est que vous et moi gardions notre sang-froid.

— Et vous avez vu cette affiche ? Inouïe !

L'ex-inspecteur-chef lut le bizarre message placardé sur un certain nombre de murs de la capitale. Il expliquait, dans une langue approximative et avec quelques fautes d'orthographe, que Jack l'Éventreur était un magicien noir décidé à tuer sept femmes afin de se rendre invisible et de pouvoir célébrer des orgies en toute impunité.

— Ne négligeons aucune piste, jugea Higgins. Face à un génie du mal comme celui que nous affrontons, nous devons faire preuve d'humilité.

— Notre monde est devenu complètement fou ! se plaignit le superintendant.

— Celui de Jack l'Éventreur ne valait guère mieux. Dans notre profession, mon cher Marlow, mieux vaut abandonner toute illusion. Avez-vous vérifié les informations les plus insensées ?

— J'ai mis des dizaines d'hommes sur l'affaire. Pour le moment, rien d'intéressant... le labo m'a quand même envoyé les résultats d'analyse.

— Voyons cela.

Le superintendant consulta ses dossiers.

— Le sang avec lequel a été rédigée l'inscription : *Les juifs ne seront pas châtiés en vain* était celui de la victime, Jenny. Aucune autre indication. J'ai aussi le résultat des analyses concernant le bout de tissu découpé sur la robe de la sage-femme, Martha Sidgwell. C'est bien du sang humain, mais pas celui de l'une ou l'autre des deux filles assassinées. Quant aux traces de sang sur le couteau du rabbin, aucun doute, c'est celui d'un mouton. Bref, aucun intérêt !

Excédé, le superintendant écarta les dossiers. Higgins nota qu'il avait oublié d'en ouvrir un.

— Et celui-là ?

— Aussi inintéressant que les autres... il concerne les morceaux de verre recueillis près du cadavre de la seconde victime. Du verre, rien que du verre ! Ça n'a peut-être aucun rapport avec le meurtre.

— Trop tôt pour l'affirmer. Aucune marque, aucune trace d'une matière quelconque ?

— Aucune. A part de l'eau de pluie et un peu de boue sur certains morceaux. Et de votre côté, Higgins ? Une piste sérieuse ?

— Pas encore. Je me suis contenté de réfléchir.

— Le temps presse...

— J'en suis conscient, mon cher Marlow.

— Il faut nous attaquer aux suspects. Je suis persuadé que l'assassin se trouve parmi eux.

— C'est très probable. Le premier interrogatoire s'est avéré décevant, mais vous conviendrez qu'il nous faut avancer avec prudence.

Cette fois, Marlow appréciait le sens de la mesure dont faisait preuve son collègue.

— A propos, Higgins... je voulais vous remercier pour votre intervention, devant le grand patron du Yard... c'était... comment dire...

— Je suis à la retraite, mon cher Marlow, alors que vous avez une belle carrière devant vous.

Le téléphone sonna. Le superintendant décrocha. Il écouta avec attention son correspondant.

— Quelqu'un veut vous parler, Higgins. A vous et à vous seul. Acceptez-vous de le prendre ?

L'ex-inspecteur-chef hocha affirmativement la tête. Scott Marlow lui tendit le combiné.

— Higgins à l'appareil. Oui, je vous écoute... Oui, très attentivement... Oui, moi seul et notre entretien n'est pas enregistré... Vous pouvez parler librement.

Quelques secondes plus tard, l'ex-inspecteur-chef raccrocha.

— Un rendez-vous, pour demain matin, expliqua-t-il à Scott Marlow intrigué.

— Avec qui? Ce n'était quand même pas... l'éventreur!

— Qui sait? répondit Higgins.

Troublé, le superintendant se leva.

— Vous ne pouvez pas partir sans protection! Qui vous a fixé ce rendez-vous?

— Il n'a pas donné son nom.

— L'endroit?

— Désolé, mon cher Marlow. Il exige que je sois seul.

CHAPITRE VIII

En ce 12 septembre, à l'aube, le petit square proche de la station de métro de Tower Hill était rempli d'une brume qui annonçait un automne précoce. La température, très fraîche, promettait une arrière-saison glaciale. Higgins, qui détestait la chaleur, s'accommodait fort bien de ces excellentes conditions climatiques.

Perdue dans le brouillard blanchâtre que ne parvenait pas à percer un soleil trop pâle, la Tour de Londres dressait sa masse sinistre, ponctuée de tours où tant de crime avaient été commis au nom de la raison d'Etat. Combien de fois la hache du bourreau s'était-elle levée pour trancher des têtes plus ou moins couronnées?

Higgins s'assit sur un banc à la peinture écaillée.

Une dizaine de minutes plus tard, une voix tremblante s'éleva derrière lui.

— Ne bougez pas, inspecteur... Je suis là, caché derrière le bosquet. Vous êtes bien venu seul?

— Sans aucun doute. Vous pouvez vous montrer. Il y a une place à côté de moi, sur le banc. Ce sera plus confortable.

— Vous ne me ferez pas de mal?

— Je n'en ai pas l'intention.

L'interlocuteur de l'ex-inspecteur-chef hésita quelques instants, puis accepta la proposition. Higgins demeura immobile et continua à regarder devant lui quand prit place le rabbin Eliphas. Engoncé dans son costume noir, son chapeau enfoncé sur le crâne et cachant presque les oreilles, le religieux frissonnait.

— Bonjour, inspecteur, salua-t-il en touchant le bord de son chapeau.

Higgins se contenta d'une légère inclination de la tête.

— Je n'aime pas trop cet endroit... La Tour de Londres me fait peur.

— C'est bien compréhensible, rabbi Eliphas. Elle n'a pas fait que des heureux.

— Les monuments historiques sont parfois chargés de malheurs.

— Souhaitiez-vous me voir pour aborder la philosophie de l'Histoire?

Le rabbin se recroquevilla davantage, tentant d'échapper à la morsure du froid.

— Non... Vous m'avez été tout de suite sympathique. Vous vous souvenez de l'inscription tracée avec du sang, sur le mur : *Les juifs ne seront pas châtiés en vain?* Vous n'êtes pas comme les autres. Vous n'y croyez pas. Je suis certain que vous n'avez jamais persécuté mon peuple.

— Quand avez-vous vu cette inscription?

— Moi ? Je ne l'ai pas vue. On ne parle que de ça, dans le quartier de Whitechapel. On accuse déjà les juifs de vouloir massacrer la population. C'est une honte. On continue à me persécuter. Qui d'autre que Scotland Yard pourrait me défendre ? Sinon, il y aurait bien un moyen...

— Lequel ?

— Me rendre mon couteau. Avec lui, je me sens en sécurité. Si je suis attaqué, je pourrai me défendre. Et puis, c'est un objet sacré.

— Les analyses ont prouvé que les taches présentes sur la lame étaient du sang séché de mouton.

Rabbi Eliphas ouvrit de grands yeux étonnés.

— Evidemment... je suis un prêtre sacrificateur ! A quoi vous attendiez-vous ? Appréciez bien la gravité de la situation, inspecteur : un fou criminel rôde dans Whitechapel et on veut me faire porter le chapeau parce que je suis juif ! C'est un complot, le plus abject des complots ! Ne lui permettez pas d'aboutir, inspecteur, je vous en supplie... ce serait une injure à la face de Dieu !

— J'espère que nous n'irons pas jusque-là. Mais pourquoi ce rendez-vous secret ? Auriez-vous une information précise à me communiquer ?

Le rabbin baissa la tête, tira sur ses tresses et avala sa salive.

— C'est assez délicat... je ne voudrais pas que mes confidences soient mal interprétées.

— Soyez sans crainte.

— Eh bien, voilà... le 31 août, il y avait un brouillard encore plus épais qu'aujourd'hui. On n'y voyait pas à un mètre. Marcher s'avérait difficile. Ce jour-là, je crois que j'ai croisé la première victime, la petite Lizbeth...

— Vous croyez ou vous en êtes certain?

Le rabbin prit du temps pour répondre.

— J'en suis certain. Sur le moment, je me suis étonné... être dehors, par un temps pareil ! Mais elle avait des difficultés financières. Dans ces cas-là, on oublie le mauvais temps.

— Lui avez-vous parlé ?

— Pas vraiment.

— C'est-à-dire?

— Elle m'a abordé comme... comme quelqu'un qui... enfin, vous me comprenez. Cette pécheresse a payé de sa vie une conduite qui offensait les bonnes mœurs. Bien entendu, j'ai repoussé ses avances. Mais je me demande... si je n'ai pas été le dernier à la croiser avant que l'assassin ne tranchât le fil de ses jours.

— Paraissait-elle nerveuse ou inquiète?

— Non... je ne crois pas. Mais dans ce brouillard, comment avoir une certitude? Ce que je vous révèle là n'a pas grande importance, mais je tenais à vous l'apprendre moi-même. Il y a tant de mauvaises langues.

— Louée soit votre prudence. Mais pourquoi vous être aventuré dans ce brouillard?

— Je vous l'ai déjà dit, c'est l'esprit de Dieu qui me guidait. Dans ma famille, nous sommes rabbins de père en fils. Nous sommes marqués par le ciel. Sa voix parle à travers nous, il dicte notre conduite. C'est pourquoi nous sommes persécutés.

— Puis-je vous accompagner jusqu'à votre domicile?

— Si vous voulez.

Le trajet ne fut pas très long. La boucherie du rabbin était sise dans Portsoken Street, à la lisière de Whitechapel, non loin de la station de métro de Tower Hill. La minuscule boutique, proche d'une petite synagogue à la façade décrépie, ne payait guère de mine. La repeindre n'aurait pas été un luxe.

Le rabbin entrouvrit la porte, mais ne laissa pas entrer l'ex-inspecteur-chef. Seul un croyant ayant satisfait aux exigences rituelles pouvait avoir accès à son minuscule domaine. Il alluma néanmoins une ampoule électrique dont la clarté fut suffisante pour qu'Higgins examinât les lieux : un étal de boucher, des quartiers de viande accrochés à des esses, un volume du Talmud, des couteaux de tailles diverses.

— Quand me rendrez-vous mon grand couteau, inspecteur ? C'est celui que m'a transmis mon père. Sans lui, je ne peux pas exercer correctement ma fonction.

— Le plus tôt possible, répondit Higgins.

*
**

Le superintendant Marlow se sentit soulagé quand Higgins pénétra dans son bureau où s'entassaient, heure après heure, des piles de rapports dont chacun dévoilait l'identité du nouveau Jack l'Éventreur. Plus de cinq cents identifications avaient été proposées. Curieusement, aucune d'entre elles ne donnait l'un des noms appartenant à la liste des principaux suspects.

— Qui était-ce, Higgins ?

— Le rabbin.

— Le rabbin, répéta Scott Marlow, dubitatif. Ce bonhomme-là ne m'inspire pas confiance, mais je ne l'aurais pas cru coupable.

— Pas de conclusions hâtives.

— Il n'a pas avoué ?

— Hélas non. Il aimerait récupérer son couteau et prétend avoir croisé Lizbeth, le 31 août, peu avant le crime.

Le superintendant se tassa dans son fauteuil.

— Bizarre... comme c'est bizarre... vous avez dit : « prétend » ? Cette confession ne vous convainc pas ?

— Ce rabbin est un homme compliqué. Un acte spontané ne lui ressemble pas.

— Spontané ? Rien de plus calculé, au contraire !

— Dans quelle intention, mon cher Marlow ?

Scott Marlow réfléchit en vain. Il ne trouvait pas d'explication rationnelle à la conduite de l'israélite. Mais il comptait jouer sur un autre tableau.

— Pour moi, il y a une piste beaucoup plus intéressante à suivre.

Intéressé, Higgins s'assit sur un siège moderne, aux formes si excentriques qu'elles interdisaient tout confort.

— Avez-vous remarqué les mains de la sage-femme ? demanda le superintendant, conscient d'avoir éveillé la curiosité de son collègue. Ses doigts sont plus gros que ceux d'un lutteur. Elle doit posséder une force incroyable dans ses extrémités.

— J'avais noté ce détail, en effet.

— J'ai l'intention de me rendre à Tottenham, là où elle habite, et de procéder à un interrogatoire serré.

L'ex-inspecteur-chef ne cacha pas sa contrariété.

— Je vous prierai de différer cette intervention, superintendant.

— Pour quelle raison ?

— Elle risquerait de briser un fil très ténu. Accordez-moi le délai nécessaire pour éclairer le mystère qui environne cette Martha Sidgwell. Votre… « flair » me paraît excellent. Ne gâchons pas votre intuition par une précipitation mal venue.

Bougon, Scott Marlow accepta de se plier à la volonté de Higgins. Il ne lui posa aucune question, sachant d'avance qu'il ne répondrait pas. L'ex-inspecteur-chef avait la détestable manie de garder le silence sur la manière dont il conduisait son enquête, s'enfermant dans un individualisme forcené. Mais personne n'avait jamais réussi à modifier ce détestable caractère.

— Désirez-vous que nous arrêtions cette femme ?

— Surtout pas. Ne vous préoccupez pas d'elle pour le moment. Elle nous a menti, c'est certain. Mais il me faut atteindre la vérité par des voies détournées. Continuez à dépouiller les informations qui vous parviennent. L'une d'elles pourrait bien nous faciliter la tâche.

Higgins se leva. Scott Marlow ne put se contenir.

— Pardonnez-moi de vous demander cela, mais… que comptez-vous faire dans les prochaines heures ?

— Me pencher sur la personnalité réelle de Montague Fitword, indiqua Higgins, à la surprise de son collègue.

CHAPITRE IX

L'après-midi du 12 et la journée du 13 septembre, Higgins mena une enquête aussi méticuleuse que discrète sur l'avocat qui avait été appréhendé lors des deux meurtres. Il interrogea de nombreuses personnes appartenant à l'entourage professionnel de Montague Fitword et récolta une moisson de renseignements.

L'avocat était célibataire. Il menait une vie des plus tranquilles et des plus régulières, arrivait tôt le matin à son bureau et en repartait après ses employés. Sa réputation était excellente. On le considérait comme un bon avocat d'affaires, capable de traiter les dossiers les plus compliqués. Sa clientèle était aussi nombreuse que fortunée. Bref, un portrait si parfait que Higgins le trouva plutôt louche. Aussi sollicita-t-il un rendez-vous auprès du seul homme qui pouvait connaître le dessous des cartes, son ami Watson B. Petticott, l'une des têtes pensantes de la Banque d'Angleterre. Il faisait partie de l'association archéologique fondée par Higgins que Mary, à juste titre, soupçonnait de n'être pas entièrement vouée à l'étude des fossiles et des pieds de chaise alexandrins.

Watson B. Petticott reçut Higgins dans un somptueux bureau dont les meubles étaient en bois des îles, rappelant la splendeur de l'Empire britannique, si vaste que le soleil ne s'y couchait pas. Au pied d'une grande lampe en bronze — elle représentait un lion qui, marchant, soutenait le globe —, un calendrier donnait la date : 14 septembre. Watson B. Petticott, relation obligée du Premier ministre et des personnages les plus influents du Royaume-Uni, ressemblait à Sherlock Holmes. En vérité, il regrettait d'avoir suivi la carrière de banquier et se passionnait pour les affaires criminelles auxquelles Higgins lui permettait de participer, ne fût-ce que du bout de l'ongle.

— Heureux de te voir, Higgins ! Enfin un peu d'animation dans la grisaille de l'existence ! De quel renseignement confidentiel as-tu besoin ?

— Connais-tu un certain Montague Fitword ?

— C'est un célèbre avocat d'affaires. Bonne réputation, fortune raisonnable, discret, efficace...

— Tout cela, je le sais déjà. L'as-tu rencontré ?

— Quelquefois, dans des dîners mondains.

— Comment le décrirais-tu ?

Watson B. Petticott parut embarrassé.

— Eh bien... Il est presque impossible à décrire. Il a des petites moustaches et porte des lunettes qu'il ôte sans cesse. A part cela, il est terne et insipide. Si terne et si insipide qu'on pourrait le croiser dans la rue sans le remarquer.

Le banquier évoquait l'avocat en des termes

presque équivalents à ceux qu'avait utilisés Annabella.

— Ne connaîtrais-tu pas quelques anecdotes plus... privées ?

Watson B. Petticott décrocha son téléphone.

— Moi, non... Mais j'appelle quelqu'un qui sait tout sur les avocats honnêtes.

Le banquier patienta quelques minutes. Son correspondant consultait des fiches. La conversation fut très brève.

— Si tu veux lever le voile sur le passé de Montague Fitword, annonça-t-il à Higgins, va à Oxford et consulte le docteur Baldwin.

*
**

De la City, l'ex-inspecteur-chef se rendit à Petticoat Market, non loin de la Tamise, où se tenait le plus populaire des marchés de la capitale. Des camelots à l'inépuisable bagout y vendaient des chaussures, des fripes, des vêtements de cuir. L'accent cockney régnait en maître absolu. A Petticoat Market, on faisait encore de bonnes affaires à condition de discuter les prix et de savoir discerner le bon grain de l'ivraie. Higgins se glissa entre les rangs d'une foule bariolée où circulaient des Indiens et des Chinois. Il se dirigea vers un immeuble en brique rouge, aux petites fenêtres à guillotine, au pied duquel des peintres avaient coutume d'exposer leurs œuvres. Beaucoup de toiles des plus médiocres mais aussi deux ou trois créations dignes d'intérêt, notamment une vue de Petticoat Market par Walter Milford qui, assis au pied de son chevalet, mangeait un sandwich.

— Désolé de vous importuner, dit Higgins. Je venais admirer votre travail.

Le peintre leva des yeux étonnés. Au premier abord, il ne reconnut pas son interlocuteur. Puis la lumière se fit dans son esprit.

— Ah oui... vous êtes de Scotland Yard! C'est vous qui m'avez interrogé, à Whitechapel!

— Exactement. Etant amateur de peinture et sachant que Petticoat Market est un excellent lieu d'exposition tout près de Whitechapel, j'espérais vous y trouver. Je suis passé à votre atelier, mais vous étiez absent.

Walter Milford abandonna son maigre repas, se leva et se débarrassa des miettes qui collaient au velours élimé de son pantalon.

— Ici, on ne vend pas grand-chose, révéla-t-il. Mais j'aime être au contact des petites gens. Ce sont eux qui détiennent la vérité. Peindre les grands de ce monde, ça ne m'intéresse pas. Avec leurs yeux pleins de suffisance et leur morgue, ils sont des sujets ridicules.

— J'aimerais voir votre atelier, monsieur Milford.

— Je vous préviens... c'est pire qu'un bazar!

— Peu importe.

— Comme vous voudrez...

Un taxi emmena les deux hommes jusqu'à la petite rue, près du British Museum, où le peintre occupait un espace assez vaste dans un sous-sol lugubre et privé de lumière. Le terme de « bazar » était encore trop flatteur pour le désordre qui y régnait : toiles, chevalets, pinceaux, tubes pleins ou vides, vieux chiffons, esquisses composaient un univers privé de meubles à l'exception d'une paillasse sur laquelle dormait l'artiste. Un réchaud et quelques casseroles d'une propreté douteuse se trouvaient sous une fenêtre s'ouvrant au niveau du trottoir.

Walter Milford travaillait sur plusieurs toiles à la fois : une vieille femme passant dans la rue, un gamin jouant dans le caniveau, un pigeon sur des pavés luisant de pluie... des scènes de la vie la plus quotidienne.

— Rien n'est terminé, avoua l'artiste roux. Tout ça, c'est mauvais. Trop léché, trop maniéré, trop loin de la réalité. Encore des heures de travail en perspective...

— Si je ne m'abuse, le décor choisi est toujours le quartier de Whitechapel.

— Exact, inspecteur. Je vous fais chauffer du thé ?

— Ne vous donnez pas cette peine, monsieur Milford. Pourquoi tant de fidélité à un même endroit ?

— Parce que Whitechapel révèle les êtres tels qu'ils sont. Ils y souffrent, y ont faim, luttent pour survivre. Ce n'est plus la misère d'autrefois, mais on n'en est pas très loin. Pour moi, c'est le lieu le plus authentique de la terre. Si j'arrive un jour à peindre correctement, c'est à Whitechapel que je le devrai.

— Pourquoi ne pas y habiter ?

— Je ne veux pas m'y habituer. Quand je m'y rends, c'est comme un voyage, une découverte.

Higgins s'assit sur une caisse en bois.

— Pour moi, monsieur Milford, vous êtes un

homme précieux. Un peintre est forcément un excellent observateur. Je suis certain que vous avez noté, même inconsciemment, un détail qui pourrait me conduire jusqu'à l'assassin.

— « Observateur », répéta l'artiste, une nuance d'ironie dans la voix. J'aimerais bien le devenir... mais je crois que le sujet du tableau que je peins est encore beaucoup trop fort pour moi. Il me domine, il me prend mon regard... je ne vois plus rien d'autre que les couleurs, les lignes qui s'entrecroisent... Saleté de peinture ! Elle me dévore !

Walter Milford donna un coup de pied dans une casserole qui acheva sa course contre un mur lépreux.

— Quand vous vous promenez dans les rues de Whitechapel, poursuivit Higgins avec calme, vous regardez autour de vous.

— Justement pas, inspecteur. Je ne regarde qu'en moi-même. Je ne parviens pas à m'extraire de mon univers. J'attends que quelque chose me frappe, une couleur, une odeur, une sensation, un bruit... Alors, je m'arrête, j'installe mon chevalet, et je peins. Whitechapel ne m'a jamais déçu. A chaque fois que j'y vais, il me donne une source d'inspiration.

Bien que cet atelier ne fût pas le temple de l'ordre et de la propreté, il ne déplaisait pas à Higgins. Comme le lui avait enseigné l'un de ses maîtres orientaux, un bureau trop bien rangé est un endroit où l'on ne travaille pas. Un artiste sans talent aurait sans doute consacré davantage de temps à ranger ses pinceaux et ses toiles.

— Vous avez fait le portrait de Jenny, la seconde victime de l'assassin, rappela l'ex-inspecteur-chef. Jusqu'à la conclusion de l'enquête, le Yard est obligé de le conserver.

— Jetez-le, recommanda le peintre. Il ne vaut rien.

— Vous êtes trop sévère, estima Higgins. Combien de portraits de femmes... légères avez-vous entrepris ?

— Un bon nombre. Je connais bien ces filles. Certaines sont stupides, d'autres simplement vénales, d'autres sympathiques... Toutes ont été frappées par un malheur. A l'occasion, je tente d'exprimer leur âme. Vous voulez voir de vieilles toiles ?

— Bien sûr.

Walter Milford déplaça des cartons, remua de la poussière, et montra à l'homme du Yard des gouaches et des peintures à l'huile représentant des prostituées de Whitechapel. Les portraits étaient d'inégale qualité.

— Je ne me souviens même plus de leurs noms... certaines aiment poser, d'autres non.

— De quoi parlez-vous, avec elles ?

— De rien, inspecteur. Quand je travaille, j'exige le silence. Les plus excitées de ces dames ne s'en accommodent pas. Alors, elles s'en vont. C'est pourquoi certains de ces portraits sont à jamais inachevés.

— Pardonnez-moi de vous importuner, monsieur Milford, mais... quelques-unes ne sont-elles pas devenues pour vous un peu plus que des modèles ?

Le peintre rejeta en arrière ses cheveux roux.

— C'est arrivé plus d'une fois. Elles m'invitent à dîner, si le portrait leur plaît. Parfois, je reste un peu plus longtemps. Parfois aussi, je m'en vais, même si leurs propositions sont alléchantes. Je suis un peu cabochard, vous savez. Je n'aime pas me sentir prisonnier.

— Lizbeth et Jenny, les deux victimes... étaient-elles de vos maîtresses, même d'une nuit?

— Ni l'une ni l'autre, inspecteur.

Higgins fit quelques pas dans l'atelier puis se dirigea vers la porte.

— Je vous souhaite bonne chance, monsieur Milford.

*
**

En consultant l'annuaire des galeries de peinture, Higgins s'aperçut que Walter Milford avait obtenu une exposition qui se terminait le jour même. Aussi s'y rendit-il sans plus tarder.

Un peu perdue dans le périmètre de la cathédrale Saint-Paul, la galerie n'avait rien de reluisant. Quand Higgins prononça les mots « Scotland Yard », la propriétaire, une vieille dame aux cheveux blancs, défaillit. L'ex-inspecteur-chef l'aida à s'asseoir et la réconforta.

— Rassurez-vous, vous n'êtes accusée d'aucun délit. Je venais simplement admirer les œuvres de Walter Milford.

— Ah? Pourquoi lui? J'expose dix jeunes artistes de talent... Il n'est pas nul, mais ce n'est pas le meilleur. Lancer des jeunes, aujourd'hui, c'est presque impossible. On vend peu et pas cher. S'ils deviennent célèbres, ils vous lâchent et partent dans d'autres galeries.

— D'après vous, Walter Milford aurait-il une chance d'accéder à la notoriété ?

— Il faudra du temps, mais pourquoi pas ? On a vu plus laid... Ses tableaux sont au fond de la galerie. Si vous souhaitez en acheter un, ne vous gênez pas.

Il y avait trois Walter Milford, des toiles de dimension moyenne particulièrement mal éclairées. Il s'agissait de natures mortes : coupes de pêches, de poires et de pommes. La matière parut à Higgins très granuleuse, d'une épaisseur inhabituelle. S'assurant que la propriétaire de la galerie ne le surveillait pas, il passa le doigt sur les pommes.

A sa grande surprise, il s'aperçut qu'une peau de fruit, comme momifiée, avait été noyée dans la peinture. La même technique avait été utilisée pour les autres tableaux dont les couleurs restituaient fidèlement celles des modèles. Higgins, qui se sentait plus proche de la grande peinture chinoise classique ou de Fra Angelico, n'apprécia que modérément cette esthétique un peu trop alimentaire à son goût.

— Avez-vous vendu beaucoup de Milford ? demanda-t-il à la propriétaire de la galerie.

— Des bananes et des cerises. Il avait trouvé un bon filon, à mon avis. Mais il n'a pas voulu continuer. Quand les clients ont su qu'il ne ferait pas la série complète des fruits et légumes, ils ont abandonné. Un collectionneur sait ce qu'il veut. J'ai tenté de persuader Walter de persévérer dans cette voie, mais il est têtu comme une bourrique.

— Savez-vous ce qu'il peint, à présent ?

— Des sujets de genre, dans le style réaliste. Ce n'est pas la mode, mais ça reviendra. Il a un peu d'argent devant lui. S'il tient quelques années, il aura la petite célébrité dont il rêve. Je crois que j'ai ferré un bon poisson pour lui : un Français qui s'occupe des halles, à Paris. Je lui ai déjà vendu n'importe quoi. Si je peux le persuader que les trois derniers fruits de Milford sont des placements, nous ferons un joli petit bénéfice, Walter et moi. Les Français n'ont aucun goût. C'est notre chance.

Quand Higgins sortit de la galerie, le brouillard envahit les rues de Londres. La circulation se ralentit. L'ex-inspecteur-chef se rendit à pied à Scotland Yard où Scott Marlow sombrait sous une masse de paperasses, de rapports, de notes d'information et de demandes de recherches en tout genre.

Le superintendant était cloué à son bureau pour de nombreuses heures. Jusqu'à présent, ses investigations ne lui avaient pas procuré le moindre indice. Le rapport que lui transmit oralement Higgins ne lui remonta pas le moral.

— Quel est votre programme, demain ?

— Je me rends à Oxford.

Scott Marlow n'en crut pas ses oreilles. Qui avait pu convaincre un ancien étudiant de Cambridge tel qu'Higgins de passer chez l'ennemi héréditaire ?

CHAPITRE X

Tous les anciens de Cambridge en convenaient : les collèges d'Oxford n'avaient aucun charme, leurs pelouses étaient jaunies, les professeurs peu compétents, les étudiants insupportables, l'équipe de rugby médiocre et l'équipage d'aviron ridicule. Le simple fait de vouloir étudier à Oxford ne dénotait-il pas une évidente imperfection de l'âme ?

Le 15 septembre au matin, Higgins avait pris le train à la gare de Paddington en direction d'Oxford qui, il devait bien le reconnaître, n'était guère éloigné du Gloucestershire où, dans le véritable cœur de l'Angleterre que prétendait indûment occuper l'Oxfordshire, il avait pris sa retraite.

Oxford se vantait de posséder trente-quatre collèges flanqués d'admirables chapelles et de parcs superbes. Quand le taxi de l'ex-inspecteur-chef passa dans High Street, il pensa avec émotion aux édifices traditionnels de Cambridge et ne tourna pas la tête pour contempler le Queen's College, l'All Souls College ou le Brasenose College. Fallait-il que l'amour de la vérité fût ancré en sa conscience de policier pour qu'il acceptât de subir une telle épreuve.

Enfin le véhicule le déposa dans Ship Street, devant l'hôtel particulier du docteur Baldwin, ancien prévôt de collège, avec lequel Higgins avait pris soin de fixer rendez-vous la veille au soir. Le praticien vint lui-même lui ouvrir.

C'était un homme âgé, un peu voûté, mais encore robuste et à la voix ferme.

— Je suis veuf et je ne veux plus de domestique, expliqua-t-il. Ne faites pas attention au désordre. Montons dans mon bureau, voulez-vous?

Rarement capharnaüm avait atteint ce point de chaos. Des piles de livres de médecine, effondrées les unes sur les autres, s'entremêlaient avec des dossiers. Le docteur Baldwin écarta un squelette qui avait fait son temps et dégagea un fauteuil de cuir également archaïque pour permettre à Higgins de s'asseoir.

— C'est l'heure du bourbon... vous en prendrez bien un verre?

— Trop tôt pour moi.

— Non seulement Scotland Yard me tombe sur les reins, mais encore on m'envoie un incorruptible! Je suppose qu'un de mes anciens malades a porté plainte parce qu'il était mort à la suite de mon traitement? De quelle erreur médicale m'accuse-t-on? J'ai pourtant pris soin, depuis plus de trente ans, d'enseigner la médecine et pas de la pratiquer!

— Je crois que vous êtes innocent, dit Higgins.

Le docteur Baldwin vida son verre et le remplit aussitôt.

— D'après une longue recherche, le bourbon est excellent pour les artères. J'ai décidé de vérifier la théorie sur moi-même. Un savant doit savoir prendre des risques, n'est-il pas vrai? Mais si je ne suis pas coupable, pourquoi souhaitiez-vous me voir toutes affaires cessantes?

— Pour vous parler d'un avocat londonien nommé Montague Fitword. Un de mes amis m'a affirmé que vous pourriez m'éclairer sur son passé.

— Montague Fitword, répéta le praticien, dubitatif. Ça me dit vaguement quelque chose... un instant.

Il fouilla dans l'un des tiroirs de son bureau pour en extraire des chemises contenant des listes.

— Mes anciens élèves, expliqua-t-il. Comme je n'ai pas la mémoire des noms, je les ai tapés moi-même, avec l'idée que ce pensum pourrait servir un jour.

Mouillant son index droit, le docteur Baldwin remonta aux premières années de son enseignement.

— Ah, voilà! Montague Fitword... Je lui ai donné des cours pendant ses deux dernières années de médecine.

Higgins fronça les sourcils.

— Il a obtenu son diplôme?

— En effet. Mais je ne me souviens pas du tout de lui. C'est curieux, j'ai plutôt une bonne mémoire visuelle...

— Aujourd'hui, il est petit, porte une moustache et des lunettes qu'il ôte sans cesse.

Le docteur Baldwin frappa du poing sur la table.

— Ça y est ! Je me souviens ! Un personnage terne, effacé, qui ne se faisait jamais remarquer. C'était un étudiant triste et passe-partout. Sa médecine terminée, il a eu peur de pratiquer et s'est lancé dans le droit. Je n'ai malheureusement pas grand-chose d'autre à vous en dire. Il avait si peu de personnalité qu'il s'était effacé de mes souvenirs.

— Pas de fiancée ?

— Pas à ma connaissance. Je me demande quelle fille aurait pu aimer un pareil personnage !

— Pas d'ami ?

Le docteur Baldwin absorba un peu de bourbon.

— Si, un seul... plutôt un guide et grand frère. Je crois même que c'est lui qui lui a conseillé de s'orienter vers le droit. Un type fort en gueule qui voulait devenir chirurgien. Comment s'appelait-il...

— William Jameson ? suggéra Higgins.

— Jameson ! C'est ça, William Jameson.

*
**

De retour d'Oxford, Higgins passa la soirée dans les rues de Whitechapel. A l'heure où les maisons de brique deviennent plus grises encore qu'elles ne l'étaient sous le soleil pâle d'un automne précoce, l'ex-inspecteur-chef marcha sous la pluie qui avait succédé au brouillard. Il repéra plusieurs femmes d'âges divers, s'abritant tant bien que mal dans des encoignures. A l'entrée d'une impasse, il découvrit enfin celle qu'il cherchait : la blonde Annabella, portant une robe à pois verts au décolleté impressionnant.

— Inspecteur ! Comme je suis contente de vous voir ! Avez-vous arrêté l'assassin ?

— Pas encore, mademoiselle. J'ai un service à vous demander.

Annabella sourit, une lueur presque égrillarde au fond des yeux. Elle trouvait Higgins très séduisant.

— Tout ce que vous voudrez...

— J'aimerais obtenir davantage de renseignements sur le rabbin Eliphas et sur les véritables raisons de ses allées et venues dans Whitechapel. L'une de vos amies ne le connaîtrait-elle pas de manière plus... intime ?

Annabella, déçue, agita un sac à main rose au chic un peu voyant.

— Il y aurait bien Esther... Mais elle est plutôt farouche. Alors, un policier ! Je ne sais pas si elle voudra vous recevoir.

— Cette dame n'aurait-elle pas des goûts que je pourrais satisfaire ?

— Si... les pull-overs à fleurs et les bonbons à l'anis.

— Parfait. Pourriez-vous organiser un rendez-vous demain vers onze heures... avant son travail ?

— Entendu, inspecteur. Et moi... je pourrais avoir des chocolats ?

*
**

Quand Higgins passa au Yard, le 16 septembre à 8 heures du matin, Scott Marlow travaillait déjà. Il dépouillait les dossiers contenant les identifications certaines du nouveau Jack l'Éventreur, décidé à les vérifier une à une. Bien des criminels avaient été identifiés de cette manière, au terme d'un labeur peu spectaculaire.

— Oxford vous a-t-il appris quelque chose? demanda-t-il à son collègue.

— Oxford, absolument rien, répondit Higgins, mais le docteur Baldwin nous a offert deux renseignements de première importance.

Scott Marlow repoussa ses dossiers. Une lueur allait-elle déchirer la nuit?

— D'abord, révéla Higgins, Montague Fitword fut médecin avant de devenir avocat. Il n'a pas exercé mais il a terminé ses études et obtenu un diplôme. Ensuite, son ami et mentor n'était autre que le futur sir William Jameson.

— Par saint Georges, voilà qui est troublant... les meurtres semblent avoir été commis par un assassin doté de connaissances anatomiques. Croyez-vous que Fitword et Jameson seraient complices?

— A ce stade de l'enquête, impossible à dire.

— Vous avez bien une idée...

— Ce serait une faute professionnelle, mon cher Marlow. Je dois à présent approfondir ces indices. Avec beaucoup de doigté, bien entendu.

— Vous... vous allez les interroger?

— Pas aujourd'hui.

— Ah bon? Une tâche plus urgente?

— Certes. J'ai des courses à faire.

Le superintendant avait renoncé depuis longtemps à comprendre les méthodes d'investigation de Higgins. Il se replongea dans ses dossiers.

*
**

Higgins avait acheté les bonbons à l'anis et les chocolats chez *Floris Bakeries*, dans Brewer Street. Annabella ne résista pas au plaisir de goûter sur-le-champ une truffe qu'elle qualifia de divine.

— Et le pull, vous l'avez?

L'ex-inspecteur-chef opina du chef. La meilleure vendeuse de *Huppert*, dans Regent Street, lui avait procuré un pull-over mauve à fleurs vertes qui ne passerait pas inaperçu.

Annabella emmena Higgins jusqu'à une minuscule ruelle au trottoir défoncé. Les maisons basses offraient à la pluie leurs briques noircies. Un chien aboya quand la jeune femme frappa à un carreau sale.

Il s'entrouvrit. Annabella donna un mot de passe. Elle et Higgins contournèrent des poubelles et passèrent dans une arrière-cour où se cachait un logis dont les rebords de fenêtre étaient égayés par deux pots de géraniums. Selon un code, Annabella frappa à une porte peinte en vert.

— Entrez, ordonna une voix acide.

Précédé par son guide, Higgins pénétra dans un monde douillet. Canapés bas, fauteuils, bar dénotaient le caractère professionnel de l'endroit. L'ensemble avait connu des jours meilleurs mais, dans le quartier de Whitechapel, donnait presque une impression de luxe.

— Un client? demanda Esther, une brunette aux formes enveloppées.

— Pas exactement, répondit Annabella, souriante. Un monsieur qui voudrait te poser des questions.

— Scotland Yard? Dehors!

Higgins donna à son hôtesse le pull-over de chez *Huppert* et les bonbons de chez *Floris Bakeries*. La brunette n'en crut pas ses yeux. Elle dévora les friandises et passa le vêtement mauve qui avait presque été fait pour elle.

— Ça peut pas être un flic qui me fasse des cadeaux pareils... Qu'est-ce qu'il veut savoir, ce monsieur?

Higgins s'assit dans un fauteuil aux accoudoirs usés et sortit carnet noir et crayon.

— L'un de vos excellents amis est le rabbin Eliphas, n'est-ce pas?

Esther se renfrogna.

— C'est normal... On est de la même religion.

— Vient-il souvent vous voir?

— Deux fois par semaine, parfois trois... Mais ce n'est pas du tout pour ce que vous croyez, au contraire! Il me dit que je suis une pécheresse et que je dois retourner dans le giron du Seigneur. Voilà plus de trois mois qu'il tente de me faire retrouver le sentier de la vertu. Comme s'il y avait quelque chose à gagner dans ce coin-là! Il est bavard, mais gentil. Il s'énerve bien un peu quand je ne l'écoute pas... alors, je fais semblant. Il est comme vous, le rabbin : il ne vient pas sans petits cadeaux. Même si ses discours sont ennuyeux, ça vaut la peine de le recevoir.

— Tente-t-il de convertir certaines de vos... collègues?

— Ah ça, oui! Des catholiques et des protestantes. Il ne recule devant rien.

— Et... a-t-il réussi, au moins une fois?

L'éclat de rire d'Esther tint lieu de réponse.

— Merci, dit Higgins en refermant son carnet noir. Votre aide me fut précieuse.

*
**

L'ex-inspecteur-chef passa une bonne heure dans une librairie de Coptic Street spécialisée dans les religions anciennes. Il consulta plusieurs gros ouvrages consacrés à la foi hébraïque et aux rites juifs.

— Préparez-vous une thèse? demanda le libraire, intrigué.

— En quelque sorte.

— Une spécialité?

— La morale juive traditionnelle.

— J'ai un opuscule sur le mariage.

— Passionnant, mais je chercherais plutôt du côté de la liberté des mœurs.

— Ah... c'est plus délicat. Je pourrais vous indiquer un spécialiste.

— Volontiers.

— Il y a un vieux rabbin qui habite à deux rues d'ici. C'est un bon client. Sa bibliothèque est énorme. Avec un mot de recommandation de ma main, il vous recevra.

— Vous êtes fort aimable.

Higgins fut en effet très bien reçu par un religieux à barbe blanche. Le monde judaïque n'avait pour lui aucun secret. Après avoir refusé du thé, l'ex-inspecteur-chef orienta son hôte vers le châtiment de l'adultère, la punition des violeurs du sabbat et des transgresseurs de la loi. Le vieux rabbin était intarissable, citant textes et préceptes.

Vint le moment d'aborder un sujet plus délicat encore.

— En ce qui concerne les femmes de mauvaise vie… quelle est votre opinion ?

Le vieux rabbin leva les bras au ciel.

— Celle du Talmud, bien entendu : il faut mettre à mort les prostituées comme le boucher abat ses bêtes pour le sacrifice.

CHAPITRE XI

— Nous sommes le 17 septembre, annonça Scott Marlow sur un ton lugubre, et nous n'avons pas encore avancé. Le grand patron est furieux. Les hautes sphères l'appellent sans arrêt. Ensuite, ça retombe sur moi ! Quand je lui ai montré cette pile de rapports, il a quand même admis que je ne me tournais pas les pouces. Mais il aurait bien aimé avoir un rapport de plus, signé de votre main...

— Ce serait une faute administrative, objecta Higgins. Vous savez bien que mon nom ne peut pas apparaître officiellement.

Scott Marlow songeait au carnet noir sur lequel l'ex-inspecteur-chef prenait des notes. Il trouvait le procédé archaïque et dépassé, à l'heure des ordinateurs et de l'intelligence artificielle. Mais la méthode devait posséder quelque vertu, puisque Higgins avait obtenu grâce à lui de spectaculaires succès. A moins que le secret ne résidât dans le crayon Staedtler Tradition B...

— Avez-vous d'autres courses à faire, aujourd'hui ?

— Celles d'hier se sont révélées suffisamment instructives.

— De quelle manière ?

— Vous n'ignorez pas, mon cher Marlow, que les juifs traditionalistes observent des règles précises. Beaucoup d'entre elles sont anciennes et remontent aux temps bibliques. Un vieux rabbin, avec lequel j'ai passé la soirée, m'a appris qu'un de ces textes préconisait la mise à mort des prostituées. Il comparait cet acte au travail du boucher qui abat rituellement les bêtes en les préparant, selon un rituel de purification, pour le sacrifice et la consommation. Ne faut-il pas tout tenter pour chasser l'impureté de notre monde livré aux forces maléfiques ?

Le superintendant ne termina pas les œufs au bacon qu'il s'était fait servir dans son bureau.

— Le rabbin Eliphas... ce serait donc lui, le nouveau Jack l'Éventreur !

— Conclusion hardie, estima Higgins.

— Il n'y a aucun doute. Il est juif, il est rabbin, il applique les préceptes rituels !

— Mais ils ne correspondent guère à son désir avoué d'entraîner les dames de mauvaise vie, de quelque confession qu'elles soient, sur le chemin du repentir. Il semble tout à fait sincère dans sa démarche.

— Rideau de fumée, jugea Marlow, ou pis encore : il mène une croisade ! Il veut convertir des femmes égarées et, comme il n'y parvient pas, il les assassine comme il égorge des animaux dans sa boucherie ! Nous avons tout, Higgins : l'assassin, le mobile et l'arme du crime !

— Vous allez un peu vite en besogne, mon cher Marlow. Ce ne sont encore que suppositions. Quant au couteau que le rabbin porte en permanence sur lui, souvenez-vous de l'analyse du laboratoire : aucune trace de sang humain.

L'argument contraria le superintendant.

— Il se sera servi d'un autre... Il faudrait fouiller sa boucherie.

— Un assassin de cette trempe conserverait-il chez lui la preuve de sa culpabilité ?

— Peu probable, admit le superintendant. Alors, arrêtons-le et provoquons ses aveux.

— Je vous le déconseille. Nous n'avons aucune certitude. Si nous nous trompons, nous provoquerons la colère de la communauté juive sans pour autant avoir identifié le vrai coupable. Imaginez-vous l'ampleur du scandale ?

Au visage anxieux de Scott Marlow, Higgins s'aperçut que son imagination fonctionnait à merveille.

— Des lettres de dénonciation continuent d'arriver, déplora-t-il. Que comptez-vous faire, à présent ?

— Bien que ce soit contraire à un mode de vie raisonnable, déclara Higgins, je vais être obligé de boire. A ce soir, mon cher Marlow.

Quand l'ex-inspecteur-chef quitta son bureau du Yard, le superintendant, en proie à un début de dépression, termina son petit déjeuner par une rasade de whisky. Higgins lui-même ne lui avait-il pas indiqué la voie à suivre ?

⁂

Boarnfield Road n'était pas une artère des plus sympathiques. A la limite de Whitechapel, la ruelle, bordée de maisons de brique noirâtres toutes identiques, était particulièrement sinistre. Pourtant, le temps s'était nettement amélioré. Il ne pleuvait plus, le brouillard avait disparu, les nuages passaient vite dans un ciel chargé.

Devant chaque maison, un minuscule jardinet protégé par une barrière basse. Aux fenêtres, des rideaux de couleur. La ruelle ne comprenait qu'une dizaine de maisons. La dernière d'entre elles, adossée à un mur aveugle, était ornée d'une plaque en bois sur laquelle avait été gravée une inscription presque illisible : « Sergueï Sitachenko ».

Higgins sonna, après avoir essuyé ses chaussures sur un paillasson relativement correct.

Un pas lourd se fit entendre. Le Russe ouvrit mollement la porte.

— Inspecteur ! C'est moi que vous voulez voir ?

— Si vous y consentez, monsieur Sitachenko.

— Souffrez-vous des dents ?

— Par bonheur, elles sont solides.

— Mais alors... ce serait pour... les meurtres ?

— Simplement pour mieux vous connaître.

— Eh bien... entrez.

La maisonnette de Sergueï Sitachenko se composait de deux pièces et d'une cuisine au rez-de-chaussée, d'une chambre et d'un cabinet de toilette à l'étage. La première pièce était un véritable musée où l'émigré avait exposé des cache-pots du XIXe siècle décorés de guirlandes et de feuilles de chêne, des assiettes de Gien bleu et blanc, des soupières appartenant à la vaisselle de la cour du tsar.

« Un éléphant dans un magasin de porcelaine », pensa Higgins, tant le contraste était violent entre l'épais personnage et la fragilité de ces pièces délicates.

— De véritables chefs-d'œuvre, déclara Sergueï Sitachenko, les larmes aux yeux. C'est mon trésor le plus précieux. Il me rappelle mon pays et mon passé, les jours où j'étais heureux, avec ma...

Le Russe s'interrompit, comme s'il en avait trop dit.

— Avec votre mère ? précisa Higgins.

— Regardez cette assiette, implora le gros homme, saisissant la jolie pièce entre ses doigts boudinés. N'est-ce pas une pure merveille ? Ce bleu délicat, ce blanc tendre, cette ligne parfaite... peut-on imaginer plus émouvant ? Je sens que vous êtes une âme sensible, inspecteur, exactement comme moi.

Une lueur de gourmandise fit briller les yeux du Russe.

— Et je ne vous ai pas montré le meilleur...

— Votre cabinet de dentiste ?

— Il n'y en a pas. Les interventions, je les pratique dans la cuisine. Non, je voulais parler de mon salon de porto.

L'ex-inspecteur-chef ne s'était pas trompé. Il redoutait quelque chose dans ce genre-là. En revanche, il s'était mépris sur la qualité des produits consommés par son hôte. Sur les commodes Regency d'un salon qui n'aurait pas déparé les plus riches demeures de Londres, trônaient de fort estimables bouteilles — un « Nacional » de chez *Do'Noval*, à la robe jaune, aux reflets verts, un vintage de chez *Taylor's*, un Grahma Malvedos et un vintage Dow's —, toutes millésimées et appartenant à de remarquables cuvées. Bien que petit, ce salon de porto témoignait d'un réel sens du raffinement et du luxe. Au-dessus des bouteilles trônait un sous-verre montrant un paysage portugais surmonté d'un texte d'Albert Thibaudet à la gloire du vin : « Cet or du commerce, il me semblait le connaître, devenu liquide, ambré, savant et chaud comme la période de Chateaubriand, dans le porto somptueux des universités britanniques, qui a la densité de ces gazons, la vieillesse de ces collèges de la Renaissance et en qui l'on boit à la fois la tradition anglaise et, puisqu'il est d'outre-mer, la tradition communale. » Higgins jugea la péroraison un peu alambiquée mais loua le ciel de n'être point tombé chez un amateur de thé.

— Le porto, avoua Sergueï Sitachenko, c'est mon vice et ma religion. Grâce à lui, j'échappe aux idées noires. Son goût de noix, de réglisse et de menthe me rappelle les soirées d'antan, dans notre demeure où brillait un grand feu, pendant que la neige tombait. Vous m'êtes très sympathique, inspecteur. Ce que je vais vous faire goûter, vous ne l'oublierez jamais.

L'exilé ouvrit les portes d'un buffet dont il sortit une bouteille de vintage Croft portant la date de 1927. Il la serra longuement contre sa poitrine avant d'en ôter le bouchon et de verser un peu du précieux liquide dans deux verres. Puis il entama une sorte de ballet, circulant, comme l'exigeait le rituel britannique, dans le sens des aiguilles d'une montre. Faire passer le porto de droite à gauche eût été un crime contre la civilisation.

— Savez-vous, inspecteur, que cette qualité de porto est celle servie à la table des monarques, à Buckingham Palace ? Ce sont des « nez » anglais qui en garantissent le fruité. Cette bouteille provient du domaine de Quinta de Roeda, au cœur de la vallée du Douro. Il n'existe rien de plus sublime.

Les deux hommes trempèrent ensemble leurs lèvres dans le nectar. Le bouquet, il est vrai, était exceptionnel.

— A mon club d'archéologie, révéla Higgins, nous avons eu l'occasion de goûter un Noval National de 1931, provenant des vignes du Haut Douro. Mais le vôtre est excellent.

Le Russe faillit laisser échapper son verre.

— Non... ce n'est pas possible... je croyais que c'était une légende ! On m'a dit qu'il n'en existait plus que quelques bouteilles, dans la cave du roi d'Espagne ! Finissons celui-là, j'en ai un autre, plus rare.

Deux bouteilles de porto plus tard, Sergueï Sitachenko était euphorique.

— Après tout, la vie n'est pas si triste ! Tant qu'il y aura cette liqueur des dieux, elle vaudra la peine d'être vécue.

— N'avez-vous jamais songé à vous marier ?

— Me marier ? Pouah, quelle horreur ! Une femme, me déranger dans mon paradis, casser mes assiettes et m'empêcher de boire? Qu'elles restent dehors, ces traînées!

— Votre mère, pourtant, devait être une personne charmante.

Le regard de l'exilé s'assombrit. Sa voix devint pâteuse et incertaine.

— Ma mère, c'est différent... je l'aimais et elle m'aimait. Elle aussi, elle buvait du porto. Elle me racontait de belles histoires avec des dragons et des princesses. Des dragons, j'en ai rencontré des centaines mais pas de princesse.

— Etiez-vous riche?

— Plutôt... ma famille avait de nombreuses terres. On nous a tout pris. Il ne restait plus qu'à partir. Mon père est mort là-bas.

— Votre mère est donc venue en Angleterre?

— Oui... Nous avons vécu dans l'East End où elle est morte. Je n'avais que dix ans... C'est dur, pour un petit garçon, de se retrouver dans une cité étrangère et hostile. J'ai dû me débrouiller, me lancer dans des petits boulots.

— Et votre mère? Quel était son métier?

— En Russie, c'était une grande dame. Ici, elle a vendu des fruits et des légumes sur les marchés. Une honte... J'aurais voulu lui offrir des fourrures, la couvrir de bijoux et la rendre heureuse. Mais je n'étais qu'un petit garçon. Je ne pouvais que souffrir.

— Avez-vous conservé des photographies de votre mère?

— Aucune. Elle était belle, si belle...

A la fin de la troisième bouteille de porto, Sergueï Sitachenko sombra dans une de ces détresses slaves aussi noires qu'un puits sans fond. Il pleura, chanta, but encore, pleura à nouveau. Dans cet état-là, il ne pouvait plus répondre à des questions. Higgins, malgré une migraine certaine, joua le rôle d'un confident digne et muet, espérant glaner quelque information dans ce délire alcoolique. Mais ses maigres connaissances du dialecte moscovite utilisé par Sergueï Sitachenko se révélèrent insuffisantes. Aussi se décida-t-il à prendre congé d'un exilé qui continua à se lamenter sur le bonheur perdu.

*
**

Quelques gouttes d'une teinture-mère de *Chelidonium Majus* préparée par le pharmacien *Nelson's* permirent à Higgins de paraître devant Scott Marlow comme s'il n'avait absorbé que de l'eau minérale. Une légère douleur, néanmoins, subsistait dans l'occiput et au niveau des tempes. S'il n'avait mené une vie d'ermite au grand air, l'ex-inspecteur-chef n'aurait pas été capable de résister à une telle épreuve. Certes, il aurait souhaité prendre quelque repos. Mais il lui restait une tâche urgente à accomplir.

Scott Marlow, les yeux rougis par la lecture, affichait une humeur incertaine.

— Ce Russe ventripotent vous a-t-il appris quelque chose ?

— C'est un personnage complexe, superintendant. Il est plus retors que nous ne l'avons supposé. Sa lourdeur est un masque. Il ne manque pas de raffinement.

— C'est avec lui que vous avez bu?

— Du porto d'exceptionnelle qualité.

Ce détail n'impressionna pas le superintendant qui n'appréciait que le whisky.

— Cet homme-là l'éventreur... je n'y crois pas, Higgins. Il nous faut quelqu'un de vif, qui se déplace avec rapidité.

— Méfions-nous, recommanda l'ex-inspecteur-chef. Je vous assure qu'il trompe son monde. Il ment et dissimule avec un art certain. Aussi ai-je besoin de votre aide pour vérifier un détail capital.

— Un interrogatoire sur place?

Higgins toussota et lissa sa moustache poivre et sel.

— Pas exactement. Plutôt une visite nocturne et un peu... illégale.

Le superintendant rougit.

— Higgins, vous n'y pensez pas!

— Si, justement. Comme il est hors de question de rentrer par effraction, j'aimerais que vous me procuriez un trousseau de passe-partout. Ainsi mes investigations demeureraient-elles invisibles. Une descente de police risquerait d'alerter le suspect.

— Et s'il vous surprend?

— N'auriez-vous plus confiance en moi, superintendant?

— C'est bien risqué... quand comptez-vous entreprendre cette expédition que je désapprouve?

— Cette nuit même, si le chemin est libre. Sinon demain.

Marlow céda, sachant que la bataille était perdue d'avance.

CHAPITRE XII

La nuit du 17 septembre ne porta pas chance à Higgins. Sergueï Sitachenko ne sortit pas de chez lui. L'ex-inspecteur-chef fit le pied de grue jusqu'à quatre heures du matin puis, accablé par la fatigue et les effets récurrents de l'alcool, alla se coucher.

La journée du 18, il se reposa et consulta ses notes qu'il confronta à celles prises des années plus tôt, transmises par un très vieil inspecteur du Yard qui avait eu accès à bien des secrets. L'affaire prenait mauvaise tournure. Au début, Higgins avait espéré la résoudre rapidement en identifiant un fou qui, pour faire parler de lui, se serait référé au spectre de Jack l'Éventreur. Mais tel n'était pas le cas. Déjà deux cadavres et un assassin qui ne commettait pas le moindre faux pas, comme s'il attendait la date fatidique pour frapper à nouveau. Par instants, l'ex-inspecteur-chef était pris de vertige : comment un individu pouvait-il être assez pervers pour marcher dans les pas d'un criminel sadique ?

C'était contre le mal que Higgins avait entrepris

de lutter. Un être sorti des ténèbres avait choisi de répandre le malheur et l'horreur en frappant des femmes incapables de se défendre. Il allait jusqu'au bout de l'abjection, massacrant des vies, faisant surgir ce qu'il y avait de plus atroce dans la nature humaine. L'ex-inspecteur-chef avait cru que les sinistres exploits de Jack l'Éventreur appartenaient au passé. Mais le temps se déchirait. L'hier n'était pas aboli, il ressurgissait avec des couleurs d'épouvante.

Le 18, à 23 heures, Sergueï Sitachenko sortit de chez lui. Avec une rapidité qui aurait surpris le superintendant Marlow, il s'engagea dans Whitechapel comme s'il était pressé de se rendre à un rendez-vous. Higgins attendit quelques minutes. Le Russe ne revenait pas, l'endroit demeurait désert. Sans aucun bruit, l'ex-inspecteur-chef se dirigea vers la porte de la maisonnette et utilisa son trousseau de passes. Le cinquième fut le bon.

Higgins monta directement au premier. Son intuition le guidait vers la chambre de l'exilé. S'il avait quelque chose à cacher, ce serait là et pas ailleurs. La faible lumière provenant de l'extérieur par les fenêtres dépourvues de volets suffit à l'homme du Yard pour grimper l'escalier intérieur et pénétrer dans la petite pièce où dormait Sergueï Sitachenko. Comme les chats, l'ex-inspecteur-chef voyait dans l'obscurité. Il regarda sous le lit, dans l'armoire, examina le cabinet de toilette. Ne découvrant rien d'insolite, il descendit au rez-de-chaussée et le fouilla méticuleusement. Ses seules trouvailles furent de très vieilles bouteilles de porto. Higgins s'assit et réfléchit. Il refit, mentalement, les gestes qu'il avait accomplis. Mais oui, bien sûr... il avait oublié un endroit essentiel. Il regagna donc le premier étage et, montant sur une chaise, passa la main sur le sommet de la haute armoire qui touchait presque le plafond. En son centre, il y avait un creux. Dans ce creux, une enveloppe. A l'intérieur, des photographies d'une seule et même personne : Lizbeth, la première victime du nouveau Jack l'Éventreur.

*
**

— Mais c'est une preuve, Higgins, une preuve formelle ! Il faut arrêter cet homme. C'est lui, l'assassin ; je déplore vos méthodes, mais je dois admettre qu'elles se sont révélées efficaces.

Higgins ne partageait pas l'enthousiasme de son collègue.

— De simples photographies, superintendant, rien d'autre. Sergueï Sitachenko était sans doute très attaché à cette jeune femme. Cela ne prouve pas qu'il l'ait tuée de manière horrible.

— Pourquoi les aurait-il cachées de cette manière ?

— Je l'ignore.

— Nous sommes le 19, Higgins. Il faut avancer à tout prix. Cette piste-là me semble excellente.

— La précipitation serait mauvaise conseillère dans une affaire aussi obscure. Dites à votre patron que nous avons quelques soupçons, pas davantage. Il y a une enquête urgente à mener.

— Laquelle ?

— Vérifier l'identité de Sergueï Sitachenko, celle de sa mère, retrouver leur résidence dans l'East End et des témoins qui ont connu cette femme.

Le visage du superintendant s'illumina.

— Vous croyez donc bien à cette piste. Je m'en occupe immédiatement.

Scotland Yard travailla avec efficacité et rapidité. Le soir même, Higgins avait les renseignements demandés. L'ex-inspecteur-chef avait passé la journée dans les salles d'archéologie du Bristish Museum, goûtant à une beauté que les siècles n'épuisaient pas et dont il avait besoin pour poursuivre ses recherches. Il y fut brutalement replongé.

Le nom de Sitachenko était bien celui de la mère de l'amateur de porto, qu'il avait conservé pour affirmer sa propre identité. Avec son fils, elle avait vécu dans Chilton Street, près de la station de Shoreditch, au nord du quartier de Whitechapel. Un couple de retraités se souvenait d'elle et de son fils. Higgins se rendit chez eux à vingt et une heure, conscient de les déranger peu avant qu'ils ne se couchent. La vieille dame, plus alerte que son mari, était tout émoustillée de recevoir un grand monsieur de Scotland Yard. Elle lui proposa un doigt de porto que Higgins refusa avec gentillesse.

— J'ai connu cette étrangère, indiqua-t-elle. Une dame avec de grands airs. Faut dire qu'elle se prétendait princesse russe! Toutes les mêmes...

— Je crois bien que c'était vrai, intervint son mari d'une voix chevrotante.

— Tais-toi. Tu n'es jamais au courant de rien. Elle avait des grands airs.

— Quel était son métier ?

— Quand elle est arrivée, elle ne savait rien faire de ses dix doigts. Une princesse russe, pfff ! Avec son gamin, elle a bien dû s'y mettre, comme tout le monde.

— Moi, dit le mari, je la trouvais gentille.

— Tais-toi. Tu n'as jamais su juger les gens. Bref, c'est moi qui lui ai déniché une occupation, inspecteur. Vendeuse de fruits et de légumes sur un marché. Ce n'était pas si mal, non ? Pendant un an, j'ai cru que j'avais rendu service à une femme honnête. Mais après...

— Tu ne devrais pas parler de ça, recommanda le mari. Moi, je vais me coucher.

Son épouse haussa les épaules.

— Il aimait bien le petit, expliqua-t-elle. Ça n'excuse pas la conduite de sa mère. Si vous saviez, inspecteur...

Higgins soupira à l'unisson.

— C'est tellement laid, tellement sordide... j'ose à peine vous en parler !

— La cause de la vérité est parfois bien difficile à servir, chère madame. J'apprécie vos efforts à leur juste valeur.

La retraitée rosit de bonheur.

— Eh bien voilà : cette soi-disant princesse était devenue une femme de mauvaise vie.

— Non...

— Si ! Chez elle, elle recevait des hommes. Des hommes qui... enfin, des hommes ! Et certains soirs, elle sortait. Elle laissait le petit tout seul. Quand elles s'en sont rendu compte, les voisines se sont plaintes. D'abord, je ne les ai pas crues. Ensuite, j'ai bien été obligée d'intervenir. Elle m'a expliqué qu'elle était malade, qu'il lui fallait de l'argent, qu'elle n'avait pas le choix... Comment peut-on braver la morale à ce point-là? Deux mois plus tard, elle était morte. Angine de poitrine, a dit le docteur. Le petit s'est enfui. On n'en a plus jamais entendu parler. Quelle triste histoire, ne trouvez-vous pas? L'humanité est vraiment désolante. Sur qui peut-on encore compter de nos jours?

***

— Alors, Higgins? Qu'avez-vous appris sur Mme Sitachenko?

— Des kyrielles de ragots, comme il fallait s'y attendre.

Le superintendant, qui se nourrissait de bière et de sandwiches au poulet depuis plusieurs jours, souffrait de lourdeurs d'estomac. Depuis le début de l'enquête, il ne quittait plus son bureau et dormait sur un lit de camp. Jamais il ne se serait pardonné d'avoir négligé le moindre indice. Pas un seul élément d'un dossier ne lui échapperait.

— J'ai bien envie d'ordonner l'arrestation de ce Sitachenko.

— Patientez encore. Il me reste quelques investigations à faire.

— Lesquelles? s'inquiéta Scott Marlow.

— Le Russe est dentiste d'occasion. Cette activité pourrait laisser supposer de vagues connaissances anatomiques. Mais un suspect répond beaucoup mieux à cette qualification.

— Martha Sidgwell, la sage-femme.

— Je pensais au chirurgien, sir William Jameson, rectifia Higgins. Il y a des points troublants dans sa déposition. Demain, j'irai les vérifier.

L'estomac du superintendant devint franchement douloureux.

— Est-ce bien nécessaire, Higgins? C'est un homme éminemment respectable, admiré de tous, réputé pour ses qualités professionnelles et...

— Et qui se trouvait à Whitechapel, tout près des lieux où deux crimes abominables ont été commis.

La conscience de Scott Marlow ne pouvait effacer la réalité.

— Entendu, Higgins, mais du doigté, beaucoup de doigté.

*
**

Le 20 septembre, journée radieuse et ensoleillée, marqua le retour d'une chaleur qui gêna Higgins. La température s'affola et dépassa les douze degrés centigrade. Une sorte de brusque retour de l'été qui donna une allure piquante aux beaux quartiers de Londres. Ceux-ci abritaient encore quelques hôtels particuliers regroupés dans des squares paisibles qui survivaient à cent lieues d'une ville trop agitée et trop polluée. C'est dans l'une de ces riches et secrètes demeures que Higgins fut introduit par un maître d'hôtel en livrée.

Apparut aussitôt une femme d'une grande beauté, vêtue d'un ensemble de velours noir au col de velours vert. Coiffée d'un chapeau rouge qui mettait en valeur la finesse des traits d'un visage qui marquait à peine la cinquantaine, l'épouse de sir William Jameson arborait sur le revers de sa veste une broche en diamant en forme de papillon.

— Mon mari est malheureusement absent, inspecteur.

— Nous avions pourtant pris rendez-vous, déplora Higgins.

— Une urgence à l'hôpital. C'est la vie d'un chirurgien. Désolée de ce contretemps.

— Pourriez-vous m'accorder un entretien?

— Moi? Mais... je comptais sortir.

Higgins regarda droit dans les yeux cette femme élégante et racée. Elle comprit qu'elle ne pourrait pas lui mentir plus longtemps.

— Suivez-moi, ordonna-t-elle avec une certaine sécheresse.

L'ex-inspecteur-chef entra dans un salon au charme suranné : cheminée de marbre surmontée d'un tableau représentant une jeune fille se promenant dans un champ de blé; courant le long du plafond, une guirlande de fleurs et de fruits, au-dessous, des rosaces et des glands; sur les murs, des draperies d'un vert profond. De petits tableaux champêtres étaient entourés de rubans.

— Asseyez-vous, je vous prie.

Parmi les cinq canapés disposés dans la pièce, Higgins choisit un Chesterfield en cuir fauve. Rembourré de crin animal, il offrait un caractère rugueux excellent pour le dos. L'épouse du chirurgien préféra un chintz plus doux, dans une tonalité vert-jaune.

Au-dessus d'eux, le parquet grinça. A l'étage, quelqu'un marchait. Gênée, Mme Jameson se hâta d'intervenir.

— Permettez-moi de trouver bien étrange votre requête, inspecteur. En quoi pourrais-je intéresser Scotland Yard?

Higgins n'avait pas une tâche facile à accomplir. Il lui déplaisait de mettre une femme de cette qualité en présence de faits difficiles à supporter. Mais il devait identifier un assassin, fût-ce au prix de drames conjugaux.

— Je ne sais pas où commencer, avoua Higgins. Ce n'est pas vous qui êtes en cause mais votre mari. Ses déclarations, néanmoins, vous impliquent...

La femme du chirurgien, très tendue, sourit tristement.

— Ne vous donnez pas tant de peine, inspecteur. Nous sommes un couple désuni. Voilà bien longtemps que nous ne nous aimons plus. Nous restons ensemble par intérêt et par respect mutuel. Je possède la fortune, William est un merveilleux chirurgien. Un divorce briserait sa carrière. Ce serait injuste. Nous avons des conventions et nous sauvons la face. N'est-ce pas l'essentiel?

— Vous n'avez pas d'enfant?

— Hélas non!

Elle se leva et tourna quelques instants le dos à Higgins. Elle pleurait. Quand son émotion fut maîtrisée, elle vint se rasseoir sur le canapé en chintz.

L'ex-inspecteur-chef sentit qu'une relation de totale confiance s'était spontanément établie entre eux et qu'elle avait envie de se confesser. Il garda le silence, attendant qu'elle exprimât la douleur qui l'oppressait.

— J'ai beaucoup aimé mon mari, déclara-t-elle d'une voix cassée. C'est un homme violent mais passionné et enthousiaste. Je n'avais pas compris qu'une seule femme ne lui suffirait pas. Quand j'ai eu les preuves qu'il me trompait avec des femmes de mauvaise vie, je lui ai adressé d'amers reproches. Il n'a pas accepté de s'amender. J'aurais voulu lui donner un enfant, mais je suis devenue stérile à cause d'une maladie qu'il m'a transmise. Notre affection s'est effilochée au fil des mois avant de s'éteindre. Comment aurais-je pu aimer encore l'homme qui m'empêchait d'être mère et qui allait chercher ailleurs les joies qu'il ne trouvait plus dans sa demeure? Nous avons passé un pacte. Qu'il mène l'existence qu'il choisissait, mais loin de ce quartier où nous sommes connus.

— Saviez-vous qu'il se rendait fréquemment à Whitechapel?

— Je l'ignorais. Je ne veux plus rien savoir de lui.

— A Oxford, il avait un ami, Montague Fitword. Il est aujourd'hui avocat. Un homme petit, avec des lunettes et une moustache. L'avez-vous rencontré?

— Jamais. Mon mari n'a qu'un seul ami, que je crois complice de son existence dissolue, lord Kiber Rennick. Curieux personnage, en vérité. Distingué, racé, cultivé mais aussi dépravé que William. Je comprends mal les hommes, inspecteur. Pourquoi sont-ils ainsi attirés par le mal et par le vice ?

— Peut-être une erreur de perspective de Celui qui a construit ce monde, suggéra Higgins. Vous avez sans doute appris que deux crimes abominables avaient été commis à Whitechapel.

— Je ne lis pas les journaux, inspecteur. Je vis cloîtrée ici depuis plusieurs années. Dès que possible, je pars à la campagne. Les événements extérieurs me laissent indifférente.

— En ce cas, je suis contraint de vous apprendre une pénible nouvelle : votre mari figure sur la liste des suspects. Pensez-vous que la violence que vous évoquiez l'ait conduit à de telles extrémités ? Je dois préciser que les victimes étaient des prostituées et qu'elles ont été mutilées de manière horrible.

— William, un assassin sadique... Cela me paraît impossible ! Pourquoi aurait-il agi ainsi ? Il aime soumettre une femme, presque la brutaliser... mais la tuer ! Ce serait trop affreux, inspecteur. Non, je ne le crois pas capable d'actes aussi déments. Mon mari est chirurgien. Il sauve des vies.

Que l'épouse meurtrie et abandonnée de sir William Jameson fût encore amoureuse de lui transparaissait à travers son attitude. Higgins aurait souhaité ne pas la torturer davantage, mais il lui restait une question délicate à poser.

— Nos soupçons s'orientent vers votre mari à cause d'un objet qu'il portait sur lui, lors de sa seconde interpellation, dans Whitechapel, non loin de l'endroit du meurtre. Une paire de bas de soie de grande qualité. Or, les deux victimes ont été étranglées avant de subir d'autres sévices.

Un pâle sourire anima le visage las de l'épouse du chirurgien.

— Cet indice n'est pas suffisant pour l'accuser. Il s'agit simplement d'une de ses manies de séducteur... Lorsque William s'apprête à honorer une dame, il la supplie d'enfiler des bas de soie. Pour lui, c'est l'apogée du charme et de la séduction.

Higgins se leva.

— Désolé de vous avoir importunée, madame. J'espère que votre mari est innocent et que vous n'aurez pas à souffrir d'actes odieux qu'il aurait pu commettre.

— Mais vous n'êtes encore certain de rien...

Le silence de l'ex-inspecteur-chef fut éloquent.

Quand il traversa le hall de l'hôtel particulier, Higgins entendit un bruit de pas dans l'escalier de marbre qui menait à l'étage. Il ne tourna pas la tête. Non seulement sir William Jameson se comportait comme une brute mais encore comme un lâche. Il avait préféré se cacher et laisser son épouse affronter Scotland Yard. Ce n'était que partie remise. Higgins réussirait à le débusquer.

CHAPITRE XIII

— Sir William Jameson, ami de lord Kiber Rennick ? Mais c'est la catastrophe ! s'exclama Scott Marlow, consterné. Ce n'est sans doute qu'une relation lointaine. Et puis cette femme vous a peut-être menti.

— Vérifions, proposa Higgins.

L'ex-inspecteur-chef rappela son ami Watson B. Petticott. Bien qu'il présidât un conseil de gestion à la Banque d'Angleterre, il prit immédiatement la communication.

— As-tu arrêté l'assassin ? demanda le banquier, causant une surprise certaine dans l'austère assemblée qu'il présidait.

— Pas encore, déplora Higgins. Pourrais-tu me donner un renseignement d'ordre mondain ?

— S'il s'agit de personnes de qualité, aucune difficulté.

— As-tu dans tes relations un lord Kiber Rennick ?

— Je l'ai rencontré dans un club.

— Compte-t-il le chirurgien William Jameson parmi ses proches?

— Si je ne m'abuse, c'est son meilleur ami. Ce lord est aussi un duc qui, la plupart du temps, vit très replié sur lui-même. Jameson est l'une des rares personnes qui aient franchi les grilles du château des Rennick. Mais, dis-moi... un grand du royaume serait-il impliqué dans une sombre affaire?

— Rien de si alarmant à l'horizon. Merci pour ton aide.

L'œil mauvais, Scott Marlow raccrocha sèchement l'écouteur.

— Admettons... cela ne prouve rien. Ils peuvent se connaître sans être complices d'un meurtre. Importuner un duc serait tout à fait déplorable pour la réputation du Yard.

— Soyez sans crainte, superintendant. Me croiriez-vous capable d'un tel impair?

Scott Marlow grommela.

***

L'après-midi du 20 fut marqué par une réunion des plus hautes sommités de Scotland Yard. Scott Marlow, nerveux et mal à l'aise, rendit compte des progrès de l'enquête. L'imposante masse des dossiers qu'il manipula commença par rassurer les hauts fonctionnaires. Avec une telle quantité d'informations, comment ne pas aboutir à un résultat rapide?

Lorsqu'il fallut aborder le délicat problème de l'identification du coupable, le superintendant se montra évasif. Il y avait bien une liste de suspects, mais aucune arrestation n'était encore envisageable. A la question : « Le criminel va-t-il encore frapper? », le superintendant répondit avec une classe certaine : « A la grâce de Dieu. » On décida d'analyser les faits, de réfléchir et de se revoir pour progresser dans la quête de la vérité. Comme la rue restait calme et que l'opinion publique ne s'enflammait pas, le Yard avait du temps pour résoudre cette embarrassante affaire.

Marlow s'était sorti de cette épreuve à son avantage. On l'avait jugé discret et extrêmement compétent. Bien entendu, personne n'avait fait la moindre allusion au spectre de Jack L'Éventreur. Un tel propos se serait révélé extrêmement choquant.

⁂

Pendant que les hautes instances du Yard se concertaient, Higgins se rendait chez l'avocat Montague Fitword dont l'appartement se trouvait au-dessus de son bureau, dans la City. Le rendez-vous avait été fixé à 16 h 30. L'homme de loi lui ouvrit lui-même la porte.

— C'est le jour de congé de mes domestiques, expliqua-t-il. Je préfère qu'ils ne vous voient pas. Ma réputation pourrait en souffrir.

— Qu'auriez-vous à redouter du Yard? demanda Higgins avec un bon sourire.

— Rien, évidemment. Je vous répète que c'est une question de réputation. Quand la police vous tracasse, il en reste toujours quelque chose. Passons au salon.

L'appartement de l'avocat était spacieux et cossu, mais presque aussi impersonnel que lui. Higgins nota l'abondance de murs peints en trompe l'œil représentant des tentures à l'antique. De petits canapés à deux places, recouverts de tissus rayés, cassaient l'espace et rendaient l'endroit ennuyeux. Le salon était occupé par des chaises imitant avec peine le style victorien et un grand canapé aux formes molles. Sur la cheminée, une collection de poupées russes et des photographies du propriétaire des lieux.

— Votre appel m'a intrigué, inspecteur. J'espérais être définitivement blanchi.

Higgins fit quelques pas dans le salon, s'attardant sur les meubles et les objets.

— L'enquête progresse, maître. Il reste encore bien des zones d'ombre à éclaircir. Par exemple, la forte somme d'argent que vous aviez sur vous. A qui était-elle destinée ?

Le petit homme ôta ses lunettes.

— Je n'ai pas à vous répondre sur ce point. Il s'agit d'une affaire strictement privée qui n'intéresse en rien la police.

— Vous devriez m'en laisser juge, maître.

— Inutile d'insister.

— Votre mutisme est regrettable, constata Higgins. Il pourrait vous nuire.

— Certainement pas. Je vous affirme que ma discrétion est parfaitement justifiée.

— Il me faudra donc me passer de votre concours pour connaître la vérité au sujet de cet argent.

— Ne vous en avisez pas, inspecteur ! Vous n'en avez pas le droit. Oubliez-vous que le respect de la vie privée est sacré dans ce pays ? Si vous cherchez à m'ennuyer, je vous le ferai payer cher ! Je peux obtenir des sanctions contre vous.

— Essayez donc, monsieur Fitword. A votre place, je me montrerais prudent. Lorsqu'on risque d'être accusé de meurtre, il vaut mieux prendre garde à ses déclarations.

— Moi, accusé de meurtre ? Mais vous délirez !

Higgins examina avec attention une photographie du jeune Montague Fitword, placée dans un cadre des plus banals. Il avait déjà cet air effacé et indifférent qui lui ôtait tout personnalité.

— Parlez-moi de vos études, exigea Higgins.

— Elles furent médiocres, avoua l'avocat, mais j'ai obtenu les diplômes nécessaires pour pratiquer ma profession.

— Uniquement des études de droit ?

Montague Fitword sourit avec dédain.

— Ce sont généralement les plus utiles pour devenir avocat. J'ignorais que les employés du Yard fussent aussi mal informés.

— Peu importe ce que connaît un chercheur de vérité au début de la voie, indiqua Higgins, examinant les poupées russes. Ce qui compte, c'est qu'il l'atteigne. Lorsqu'on est en face d'un menteur comme vous, monsieur Fitword, de quelle manière agir ?

L'avocat pâlit. Il ne cessait d'ôter et de chausser ses lunettes.

— Comment... comment...

— Auriez-vous oublié vos études de médecine à

Oxford ? Elles se sont terminées par l'obtention d'un diplôme. Vous fûtes donc médecin avant de devenir avocat, monsieur Fitword. Pourquoi me l'avoir caché ?

L'homme de loi se précipita vers une armoire et en sortit une bouteille de whisky. Il se servit un verre, comme si Higgins n'existait pas, et l'avala d'une lampée.

— Qu'est-ce que ça peut vous faire, au fond ? Oui, j'ai travaillé à Oxford ; oui, j'ai étudié la médecine. Ce n'est pas un crime, que je sache.

L'ex-inspecteur-chef manipula à nouveau les poupées russes, comme s'il craignait d'avoir négligé un détail.

— Vous connaissez donc parfaitement l'anatomie.

— Depuis cette époque, j'ai oublié.

Reprenant le contrôle de lui-même, l'avocat rangea la bouteille de whisky.

— Pourquoi avoir omis ce détail ?

— Vous ne m'avez rien demandé, inspecteur. Parler de mon passé me semblait inutile.

— Peut-être auriez-vous dû me signaler que votre condisciple, à Oxford, était un futur grand chirurgien, William Jameson.

Montague Fitword, accablé, s'effondra sur le canapé.

— Vous savez ça aussi... vous avez donc mené une véritable enquête sur mon compte !

— Etant donné que vous n'avez pas l'intention de dire la vérité, je la traque à ma manière. Vous admettrez que la coïncidence est curieuse : deux hommes de qualité, amis depuis leur jeunesse, se retrouvant sur une liste de suspects à propos de deux meurtres sordides commis dans Whitechapel, bien loin des beaux quartiers où ils résident.

L'avocat se frottait la paupière gauche, tentant d'atténuer le tic qui l'agitait.

— C'est vous-même qui le constatez, inspecteur : une coïncidence.

— Ne pourrait-on pas formuler une autre hypothèse : vous aviez rendez-vous à Whitechapel, avec votre ami Jameson. Vous, l'ancien médecin, lui, le chirurgien. Quel en était le motif? Tuer des femmes sans défense et les mutiler?

Comme poussé par un ressort, l'avocat se leva, ôtant ses lunettes, et fit face à Higgins.

— Je vous interdis de parler ainsi! Ces accusations abominables n'ont aucun fondement!

— Asseyez-vous, monsieur Fitword, gardez votre calme et donnez-moi la véritable raison de votre présence à Whitechapel.

Montague Fitword obéit. Mais sa nervosité ne s'apaisait pas.

— Je me promenais, déclara-t-il d'une voix sourde.

— Le 31 août et le 8 septembre?

— Oui, ces deux jours-là.

— Et pas à d'autres dates?

— Peut-être... je ne m'en souviens plus. Quand je me promène, je me vide l'esprit. Je marche droit devant moi, sans savoir où je vais. Whitechapel ou ailleurs, quelle importance?

— Dans le cas présent, c'est tout à fait essentiel,

estima Higgins. Vous niez donc de manière formelle avoir eu rendez-vous avec votre ami Jameson?

— Je le nie.

Higgins fit lentement le tour du salon, jetant un œil attentif aux murs, comme s'il cherchait à y déceler une cachette.

— Sans doute ne refuserez-vous pas d'aider le Yard à découvrir un assassin méprisable?

Intrigué, Montague Fitword garda ses lunettes sur le nez.

— Non... au contraire. Qu'attendez-vous de moi?

— Que vous me parliez de votre ami.

L'avocat ôta ses lunettes et se cacha la tête dans les mains.

— Mon ami... oui, c'était mon ami. A Oxford, il m'a aidé à comprendre que je ne serais jamais un bon médecin. Trop impressionnable, trop de difficultés dans les contacts humains. Ma vraie vocation, c'était le droit. Servir la loi me plaisait. Je me suis épanoui dans mon nouveau métier.

— Il n'y avait pas que les études à Oxford. Sortiez-vous avec Jameson?

— On s'amusait, c'est vrai. Puis nos routes se sont séparées. Lui la chirurgie, moi le droit. Il s'est marié. Je suis resté célibataire.

— Pas de fiancée?

Montague Fitword rougit.

— Je... non, pas officiellement. Mon travail passe avant tout.

— Quand votre amitié s'est-elle définitivement brisée?

L'avocat hésita.

— Il y a une dizaine d'années. Nous piqueniquions à la campagne, au milieu de l'été. J'ignorais que William avait posé des pièges. Il a attrapé un lapin et deux chats qu'il a torturés sous mes yeux. J'étais abasourdi. Je l'ai supplié d'arrêter. Non seulement il ne m'a pas écouté, mais il s'est moqué de ma faiblesse. En massacrant ces pauvres bêtes, il riait. Je me suis enfui et je n'ai jamais accepté de le revoir. Il m'a écrit. J'ai déchiré ses lettres et je n'ai pas répondu.

Higgins sortit son carnet noir, à l'intérieur duquel était soigneusement pliée une feuille de papier.

— Le Yard vient précisément de recevoir une lettre vous concernant, monsieur Fitword. Il est indispensable que vous la lisiez.

Parmi les centaines de messages reçus par Scott Marlow, un seul concernait l'un des suspects. Higgins le tendit à son interlocuteur qui en prit connaissance avec une évidente satisfaction : *Si vous voulez en savoir plus sur l'identité de Jack l'Éventreur, allez chez Montague Fitword et occupez-vous de la cheminée de son salon.*

— Qu'est-ce que ça signifie ?

— Je l'ignore, monsieur Fitword. Bien que le scripteur n'ait utilisé que des majuscules, l'écriture vous est-elle familière ?

L'avocat examina longuement le document.

— Elle ressemble à celle de William, mais je n'en suis pas très sûr... et on a pu l'imiter.

— Puis-je fouiller votre cheminée ?

— Croiriez-vous à cette dénonciation ?

— Je ne crois en rien, précisa Higgins, avant d'avoir vérifié. Auriez-vous dissimulé quelque chose ?

— Bien sûr que non.

L'ex-inspecteur-chef s'approcha donc de la cheminée.

— Voilà longtemps qu'elle n'a pas servi, précisa l'avocat. J'ai oublié le ramonage, cette année.

Les investigations ne furent ni longues ni difficiles. Derrière le pare-feu, Higgins trouva un sac de cuir. Aucune trace de suie ou de poussière.

— Vous appartient-il, monsieur Fitword ?

— Non. Je n'ai jamais vu ce sac.

— Vous trouviez-vous dans votre appartement, hier soir ?

— Non, j'ai assisté à une pièce de théâtre. J'ai conservé le billet. De plus, j'ai rencontré des amis. Vous pourrez vérifier.

— Un domestique était-il présent ?

— Bien sûr que non.

— Avez-vous constaté des traces d'effraction ? A-t-on dérangé quelque chose ?

— Si c'est le cas, je ne m'en suis pas aperçu.

Higgins ouvrit le sac.

Il contenait une belle collection de scalpels, d'une propreté immaculée, et une chemise blanche roulée en boule et tachée de sang. Deux initiales y étaient imprimées : W.J.

CHAPITRE XIV

Pendant que Higgins interrogeait l'avocat Montague Fitword, se déroulait un événement qui allait mettre Scotland Yard en fâcheuse posture. A 17 h 11, en fonction de la position astrologique de la pleine lune dans le signe zodiacal du Scorpion, propice aux explorations dans l'au-delà, les dix meilleurs voyants de Londres se réunirent au célèbre pub *Old King Lud*, dans Ludgate Hill, non loin de Saint-Paul. Pour aider à la recherche du coupable, le propriétaire avait fermé son établissement afin que les extralucides fussent en paix. Ceux-ci avaient choisi le pub, dont l'entrée se situait sous un pont de chemin de fer, parce que chaque passage de train faisait trembler les murs de l'établissement, rendant ainsi particulièrement efficace une mise en transe collective.

Les six hommes et les quatre femmes se disposèrent autour d'une table ronde après avoir dégusté une pinte de bière brune pour s'ouvrir l'esprit. Le doyen des voyants, un vieil homme à la longue barbe blanche, demanda à ses collègues de poser les mains bien à plat sur la table. Ancien bobby, il était passé, à l'âge de la retraite, de la circulation des véhicules à celle des âmes. Il estimait que le Yard tentait d'étouffer le retour de Jack l'Éventreur pour éviter de semer la panique dans la population. Le voyant n'acceptait pas la situation. Ne pas identifier rapidement le coupable aboutirait à d'autres meurtres. Puisque la puissance policière s'avérait incapable d'arrêter l'assassin, c'était au pouvoir psychique de prendre le relais.

— Associons nos esprits, ordonna le doyen.

Un train passa. Les murs du pub tremblèrent. Les voyants vacillèrent sur leur chaise et fermèrent les yeux.

— Que l'âme de l'Éventreur descende parmi nous, supplia le doyen. Tenons-nous prêts !

Avant le passage d'un second train, il ne se produisit aucun événement marquant. Tous les voyants tremblèrent à l'unisson. Cet ébranlement collectif se traduisit par une vision subite du doyen.

— Il est là, il est là ! s'exclama-t-il.

L'un des participants entrouvrit les yeux, de peur d'apercevoir réellement Jack l'Éventreur. Par bonheur, il se contenta de demeurer à l'état d'ectoplasme.

— Je le vois ! s'exclama une extralucide qui se pencha en arrière, prise par une transe dont l'intensité ne faisait aucun doute.

— Es-tu Jack l'Éventreur ? demanda le doyen.

La voyante ne répondit pas directement mais ses déclarations furent des plus claires.

— Je suis vêtu de noir et je rôde dans Whitechapel... j'attends le brouillard et je m'y glisse comme un fantôme... aucune femme impure ne m'échappera... A ma ceinture, il y a un grand couteau de purificateur... c'est lui que j'utilise pour chasser les démons...

— Quelle forme as-tu prise ? demanda doucement le doyen, afin de ne pas effrayer le spectre qui se manifestait.

— Je suis vêtu de noir, avec un chapeau noir parce que je suis un rabbin... un rabbin qui veut purifier le monde et en chasser le mal...

Terrassée par l'effort, la voyante tomba lourdement en arrière. L'éventreur avait parlé par sa bouche. Un nouveau train fit trembler les murs de pub. Pendant que ses collègues s'occupaient de l'extralucide, le doyen bondit sur le téléphone.

Le rédacteur en chef du *Sun* aurait la matière d'un formidable papier destiné à protéger les citoyens.

***

Le 21 septembre parut une édition spéciale qui s'arracha en quelques heures. D'autres journaux reprirent l'information. D'après une investigation extra-sensorielle menée avec le plus grand sérieux par les meilleurs spécialistes du royaume, l'identité du nouveau Jack l'Éventreur venait d'être formellement établie. Il s'agissait d'un rabbin aisément identifiable.

Que faisait le Yard et pourquoi le laissait-il en liberté ?

Dès la fin de la matinée s'organisa une énorme

manifestation, dirigée par le Grand Rabbin d'Angleterre. Des milliers d'israélites et de sympathisants protestèrent avec vigueur contre des accusations sans fondement, prouvant un retour de l'antisémitisme. Le Grand Rabbin fut reçu par le grand patron du Yard, qui lui jura que l'on ne tiendrait aucun compte des révélations aberrantes d'un cercle de voyants et que le rabbin Eliphas, clamant son innocence et porté en triomphe sur les épaules de ses coreligionnaires, ne serait nullement inquiété en l'absence de preuves tangibles.

Sur les ondes et dans les journaux commença une violente polémique entre les partisans de l'arrestation du rabbin et leurs adversaires. Devait-on laisser un assassin en liberté sous prétexte qu'il était juif ? demandaient les uns. Le Yard succombera-t-il à n'importe quelle provocation et accusera-t-il un homme à la légère ? protestaient les autres.

Conséquence immédiate, l'opinion publique se passionna pour une affaire criminelle dont elle voulait connaître le moindre détail. En matière de discrétion, c'était un échec retentissant dont les hauts fonctionnaires rendirent le superintendant Marlow responsable. Mais celui-ci fut couvert par son chef qui n'avait relevé de sa part aucune faute professionnelle. L'opinion n'était-elle pas victime, une fois de plus, de la presse à scandale ? Aussi laissa-t-on l'affaire à Scott Marlow en lui accordant les pleins pouvoirs mais en exigeant des résultats : il fallait mettre sous les verrous le nouvel éventreur et prouver l'efficacité de Scotland Yard.

C'est un Marlow quelque peu harassé que Higgins dut réconforter. Le superintendant voyait s'éloigner son rêve : appartenir un jour au corps d'élite qui assurait la protection rapprochée de Sa Majesté Elisabeth II, la plus séduisante femme du monde. A moins, bien sûr, que l'enquête ne se terminât par une spectaculaire réussite du Yard.

— Mais enfin, Higgins ! N'avez-vous aucune piste solide ?

— Une bizarrerie.

L'ex-inspecteur-chef décrivit en détail la découverte qu'il avait faite chez Montague Fitword, grâce à la lettre de dénonciation que le superintendant avait extraite de ses dossiers.

— Je n'y croyais pas beaucoup, avoua Scott Marlow. Avez-vous porté ces objets au laboratoire ?

— J'y ai passé la matinée. Aucune empreinte sur les scalpels. Le sang qui souille la chemise est celui d'un chat.

— Mais ces initiales, W.J., ce sont celles de William Jameson ! Ça n'a aucun sens !

— Il y a forcément une signification. Nous sommes encore incapables de la percevoir.

— Pourquoi l'avocat aurait-il organisé cette mise en scène ? Afin d'accuser son ex-ami ?

— Il affirme tout ignorer de ces instruments de chirurgie et de cette chemise. Il jure ne pas avoir déposé lui-même le sac dans la cheminée.

— Bref, innocent comme l'oiseau qui vient de naître ! Invraisemblable ! Ce bon M. Fitword me semble être au centre de la toile d'araignée. Si nous l'arrêtions ?

— Toujours pas la moindre preuve, objecta Higgins.

— Et ces scalpels ?

— Ils n'ont pas servi.

— Et cette chemise tachée de sang ?

— Ce n'était pas celui des victimes.

Scott Marlow frappa du poing sur la table.

— Nous nous laissons manœuvrer, Higgins !

— C'est peut-être pis encore, mon cher Marlow.

Un officier de police, passablement excité, frappa à la porte du bureau du superintendant. Il était porteur d'un message capital : deux témoins, se présentant spontanément à la police, affirmaient avoir vu l'éventreur.

— Amenez-les-moi immédiatement, ordonna le superintendant.

Le policier introduisit deux hommes qui, d'après l'état de leurs guenilles et une barbe de plusieurs jours, exerçaient la peu enviable profession de clochards. Ceux de Whitechapel étaient réputés dans tout le Royaume-Uni pour leur aspect très traditionnel, auquel s'ajoutait une odeur malheureusement fort durable.

Scott Marlow, quelque peu incommodé, ne leur proposa pas de s'asseoir.

— Vos noms ?

— Stock et Nicholson, répondit le plus âgé.

— Vous affirmez avoir vu l'assassin ?

— Pour sûr, m'sieur. Comme je vous vois.

— Il serait bon de les interroger séparément, estima Higgins.

Scott Marlow accéda à la demande de son collègue. Nicholson fut donc contraint d'attendre dans le couloir pendant que Stock demeurait face aux deux policiers.

— Quand avez-vous aperçu l'assassin ? demanda le superintendant.

— Ben... les deux fois.

— Vous souvenez-vous des dates?

— Ben... non. J'ai pas de calendrier. Mais l'Éventreur, il est passé devant moi et mon copain. Vu qu'on dormait au pied d'une poubelle après avoir arrosé son anniversaire puis le mien, il nous a pas remarqués.

— Décrivez-le en détail.

Stock sourit, découvrant une rangée de dents gâtées.

— Pour ça, je suis impeccable. Je dirais même un champion. Rien ne m'échappe. L'observation, c'est mon truc. A force de traîner dans la rue, vous comprenez...

— Décrivez donc, insista Scott Marlow, impatient.

— Moi, affirma Stock, je l'ai vu de côté. Il s'enfuyait avec un grand couteau plein de sang. J'ai eu très peur... C'était un grand type, genre gentleman, avec des cheveux longs, un gilet tout doré et des bottes.

— Couleur des cheveux?

— Blonds.

— Autres détails?

Stock se gratta les dents.

— Ben... c'est déjà pas mal.

Le premier clochard sortit, le second entra. Nicholson était un peu plus sale que son collègue.

— Quand avez-vous observé l'assassin? demanda le superintendant.

— Pour les crimes, tiens... Il allait doucement, le tueur, comme s'il avait tout son temps.

— Avait-il un couteau à la main?

— Non... pensez, je m'en serais rendu compte... un genre de massue, plutôt.

— Décrivez-le.

— Un type costaud, pas bien grand, avec un imperméable marron, des grandes moustaches, un faux col blanc, et une allure d'aristocrate.

— Couleur des cheveux?

— Noirs.

— Autres observations.

Nicholson gratta un front qui eût mérité d'être savonné avec acharnement.

— Je vous ai tout dit, inspecteur... Stock et moi, on espère une bonne récompense. C'est quand même grâce à nous que vous allez arrêter ce salopard.

— Le Yard vous offre une douche et un repas chaud. Pour la suite, on verra plus tard.

Très déçu, le clochard rejoignit son compagnon d'infortune. On ne les reprendrait plus à collaborer avec la police.

— Encore du temps perdu, déplora le superintendant. Ces bougres-là vont se passer le mot. Bientôt, des dizaines de clochards de Whitechapel feront le siège de ce bureau pour nous donner le nom du coupable. Par moments, Higgins, j'ai l'impression que nous sommes battus d'avance.

— Ne vous abandonnez pas au désespoir, mon

cher Marlow. L'enquête est difficile, mais nous possédons déjà quelques morceaux du puzzle.

Le regard du superintendant devint suppliant.

— Le croyez-vous vraiment ?

— C'est le fond de ma pensée. Vous ai-je jamais menti ?

« Quelquefois par omission », pensa Scott Marlow, qui préféra ne pas formuler cette restriction mentale.

— Répondez-moi franchement, Higgins : vos soupçons se portent-ils sur l'un des suspects ?

L'ex-inspecteur-chef lissa sa moustache poivre et sel, sortit son carnet et le feuilleta avec minutie, comme s'il cherchait la réponse à la question de son collègue.

— Pas encore, superintendant. Vous avez réalisé un excellent travail. Je suis persuadé que le coupable figure sur la liste des suspects que vous avez établie. Mais il me manque trop d'éléments pour fixer une opinion, même provisoire. Il y a tant de mystères dans cette affaire, tant de mensonges, qu'il faut progresser pas à pas, comme dans une forêt vierge. Nous aurions besoin d'un indice, d'un seul indice... Mais le destin nous sourira-t-il ? Je l'ignore. Pourtant, ces deux clochards...

Scott Marlow sursauta.

— Prêteriez-vous attention à ces témoignages grotesques qui se contredisent totalement ?

— Pas totalement. Ils n'ont qu'un point commun, mais qui mérite d'être relevé.

— Lequel ?

— Les deux clochards, probablement ivres,

n'ont sans doute rien vu. On pourrait aussi supposer qu'ils ont aperçu l'assassin, à travers le brouillard de l'ivresse, et qu'ils inventent une description. Mais l'un et l'autre ont fourni un détail curieux : ils ont parlé l'un d'un aristocrate, l'autre d'un gentleman.

— Higgins, vous ne songez pas...

— Sur votre liste, mon cher Marlow, il y a un duc : lord Kiber Rennick.

CHAPITRE XV

Higgins crut que le superintendant était sur le point de défaillir.

— Higgins... Si vous éprouvez un peu d'amitié pour moi, laissez le duc à l'écart ! Comment un homme de cette qualité pourrait-il avoir massacré des femmes de mauvaise vie ?

— Il rôdait bien dans Whitechapel le 31 août et le 8 septembre, et il figure bien sur votre liste.

Le superintendant baissa la tête.

— Accordez-moi une grâce, Higgins. N'importunez pas le duc avant que j'aie reçu la bénédiction du grand patron. Si j'obtiens son accord, vous et moi serons couverts.

— Entendu, conclut Higgins. La patience est la clé de cette affaire. J'attendrai donc votre autorisation. A demain matin.

Marlow était étonné de la facilité avec laquelle il avait convaincu Higgins d'accepter une proposition qu'il croyait vouée à l'échec. Jamais, dans le passé, il n'avait réussi à faire changer d'avis l'ex-inspecteur-chef. Une déduction s'imposait : Higgins ne croyait pas à la culpabilité du duc.

*
**

A la fin de l'après-midi du 21 éclata un violent orage. La pluie tomba avec une rare intensité, formant un véritable rideau argenté. Elle fouetta le visage de Higgins qui poursuivit néanmoins son chemin vers Whitechapel. Noyées sous le déluge, les petites maisons de brique grises étaient encore plus tristes qu'à l'ordinaire. L'ex-inspecteur-chef prit garde de ne pas glisser sur les pavés et marcha à pas rapides jusqu'au domicile d'Annabella.

La jeune femme, vêtue d'une délicate robe rose qui mettait ses charmes en valeur, accueillit l'ex-inspecteur-chef avec enthousiasme.

— Comme c'est gentil, inspecteur! Vous venez m'annoncer l'identité de l'assassin?

— Pas exactement.

— Dommage... Tout le monde a peur à Whitechapel.

— A juste titre, mademoiselle. Me ferez-vous l'honneur d'accepter une invitation à dîner?

La jolie blonde tapa dans ses mains et virevolta sur place.

— Ça, c'est formidable! Bien sûr que j'accepte! Dîner en compagnie, c'est mon plus grand bonheur! Je peux choisir l'endroit?

Ce n'était pas exactement l'usage, mais Higgins acquiesça d'un bon sourire.

— Alors, on va à l'*Angel Pub*! Il paraît qu'on y mange le meilleur *Apple Pie* d'Angleterre.

La pluie s'était arrêtée. Le ciel demeurait gris et bas. Un vent glacial soufflait sur Whitechapel et la Tamise. Les clochards qui avaient trouvé refuge dans les immeubles des quais en démolition se tassèrent les uns contre les autres. Les plus courageux allumèrent des braseros, à l'abri des regards indiscrets des rares rondes de police. Abandonnés de la bonne société britannique, ils n'éprouvaient aucune admiration pour le spectacle des grands cargos venus de Rotterdam, d'Helsinki ou de Leningrad, apportant du vin, des céréales ou du tabac à la capitale du Royaume-Uni. Sur plus de dix hectares s'étendait une zone sordide, une ville de misère au cœur de la ville. Rues sales, terrains vagues, pubs fréquentés uniquement par des miséreux, quais désertés, entrepôts abandonnés composaient un paysage blessé à mort. C'est pourtant contre le mur d'un hangar délabré que s'endormaient Stock et Nicholson. Complètement ivres, comme d'habitude, ils oublièrent à jamais la silhouette qu'ils avaient bel et bien aperçue dans le brouillard, mais qu'ils avaient été incapables de décrire avec précision. A présent, ils préféraient rêver à des jours meilleurs, prêter main-forte à la police ne leur avait pas réussi. On les avait effectivement douchés, supprimant ainsi la couche de crasse qui les protégeait de la bise et des fluxions de poitrine. Ils auraient à peine le temps de la reconstituer avant l'hiver. Quant au repas promis, servi à la cantine des bobbys, il n'était pas chaud mais froid. Les clochards mangeaient mieux dans les docks. Décidément, le monde continuerait à tourner sans eux. Ils avaient pris la plus sage des résolutions : quitter momentanément Whitechapel tant que l'éventreur serait en activité et se réfugier dans les ruines de Victoria Embankment pour y jouir d'une villégiature bien arrosée.

Au nord des docks, Whitechapel entrait dans le silence de la nuit. Les habitants, inquiets, se barricadaient. Les rondes de police, multipliées par dix depuis le second crime, les rassuraient un peu. Mais ne disait-on pas que l'éventreur échapperait toujours à Scotland Yard ?

Quand Higgins et Annabella pénétrèrent dans Rotherlithe Street, la jeune femme s'arrêta et baissa la tête, en proie à une crise de timidité.

— Avec le dîner, ça fait beaucoup, inspecteur... mais j'aimerais vous demander une faveur.

— Parlez, mademoiselle.

— Est-ce que vous accepteriez de me donner le bras ? J'ai lu ça dans un article sur les bals d'autrefois. Il paraît que ça fait drôlement chic quand on arrive quelque part.

Si on les apercevait, la réputation de Higgins risquait quelque peu d'en souffrir. Mais l'ex-inspecteur-chef n'avait jamais reculé devant un danger lorsqu'il luttait pour la conquête de la vérité. Il accéda donc à la requête d'Annabella, qui le remercia par l'un de ces sourires de femme comblée qui auraient fait renoncer le plus austère des moralistes à la pratique d'une éthique trop rigide.

Le couple entra dans l'*Angel Pub* passablement enfumé. L'intrusion d'une femme causa un certain émoi parmi les vieux habitués. Mais certains connaissaient la jolie Annabella. De plus, la présence à ses côtés d'un homme élégant et raffiné prouvait qu'elle était tombée sous la domination d'un « monsieur » dont personne n'avait envie de contester l'évidente autorité.

En se dirigeant vers le *lounge*, la partie aristocratique du pub séparée du *public bar* où l'on vidait force pintes de Whitebread Pale Ale, plate et tiède, Higgins songea à Samuel Pepys, le fameux écrivain anglais du XVIIe siècle dont le *Journal*, où il décrivait de manière étonnante la peste et l'incendie de Londres, avait été rédigé en caractères secrets qui n'avaient été déchiffrés qu'au XIXe siècle. Pepys venait souvent à l'*Angel Pub*, en compagnie d'une accorte servante qu'il honorait de ses faveurs empressées. Sur ce point aussi, il était demeuré très secret, en raison de ses hautes fonctions, secrétaire de l'Amirauté et président de la *Royal Society*. Mais lui, au moins, n'avait pas été soupçonné d'être Jack l'Éventreur !

Higgins et son invitée prirent place dans un angle obscur de la salle, sous un gibet pieusement conservé et dédié à l'âme noire du plus célèbre assassin de l'Histoire, qui avait certainement fréquenté l'établissement. La jeune femme frémit, mais l'ex-inspecteur-chef demeura imperturbable. Il avait sa conscience pour lui.

Un garçon déposa deux chopes d'étain devant les convives.

— C'est pas souvent que les clients osent s'asseoir ici, déclara-t-il. J'espère que la corde servira bientôt pour serrer le cou du malade qui rôde dans Whitechapel. Qu'est-ce que vous prendrez? J'ai du saumon fumé, une excellente sole et du fromage de Stilton.

— Je veux bien tout ça, dit Annabella, plus un *Apple Pie*. Mais avec de vraies pommes, de la cannelle, au moins un clou de girofle et de la crème fraîche. Vous mouillez bien le bord du plat et vous faites bien une cheminée dans la pâte?

— Rassurez-vous, petite madame. Vous n'en mangerez pas de meilleur. Le cuisinier travaille la pâte du bout des doigts et bat lui-même le jaune d'œuf. Ici, pas de machine et rien d'artificiel. Qu'est-ce que vous buvez? J'ai une fameuse Thomas Hardy's Ale. Vieillie depuis vingt ans dans les tonneaux de ma cave. Je la réserve aux connaisseurs. Avec ses treize degrés, elle vous laissera un souvenir inoubliable. Un arôme de caramel inimitable.

A l'œil gourmand d'Annabella, Higgins sentit qu'il devait en passer par là. Bien que le décor extérieur fût peu engageant, puisque les fenêtres du pub donnaient sur une grue dont le bras se balançait à moins de trois mètres de la salle à manger, le repas se révéla convenable. La jolie blonde s'extasia sur son saumon et ne rechigna pas devant la bière qui, de fait, tranchait nettement sur la fadeur de l'ale ordinaire.

Les joues d'Annabella avaient rosi. Elle se sentait merveilleusement bien.

— Vous êtes quand même un drôle d'inspecteur. Invitez-vous tous vos témoins à dîner?

— C'est une drôle d'enquête, mademoiselle. Votre collaboration méritait récompense.

— Attention ! Je ne fais pas ça pour la police, mais uniquement pour vous... parce que vous m'êtes très sympathique. D'ordinaire, les hommes sont grossiers et brutaux. Vous, c'est différent... on dirait que vous venez d'une autre planète.

— J'espère que ce n'est pas le cas de Jack l'Éventreur. Sinon, sa capture sera singulièrement malaisée.

— Ah, celui-là ! Il continue à nous pourrir la vie. Mes amies sont malades de peur. Dites, inspecteur, vous n'allez pas embêter le rabbin ? Il est complètement fou, mais tellement gentil !

— C'est précisément cette gentille folie qui m'inquiète. A force d'échouer dans ses tentatives de conversion, rabbi Eliphas a pu devenir furieux. L'avez-vous déjà vu en colère ?

— D'une certaine façon, oui... Mais il parle directement à Dieu, se frappe la poitrine et n'adresse de reproches qu'à lui-même. Il est certain d'être persécuté. Jamais il n'a eu un geste menaçant contre une femme.

— Saviez-vous que le chirurgien William Jameson torturait les chats ?

— Non, mais ça ne m'étonne pas ! Celui-là, c'est un violent, un vrai. Exactement le contraire du rabbin.

La sole grillée était digne d'un excellent restaurant. Au-dehors, le vent soufflait en bourrasques.

— Sir William Jameson et Montague Fitword se sont-ils promenés ensemble dans Whitechapel ?

— Non.

— Pour me répondre de manière aussi catégorique, indiqua l'ex-inspecteur-chef, vous avez dû mener votre propre enquête.

— Exact, reconnut Annabella. Avec mes meilleures amies, leurs clients et quelques ouvriers du quartier, on essaye de récolter des informations. L'autre jour, j'ai bien compris que vous aviez établi une liste de suspects et que l'assassin se trouvait forcément parmi eux. On est tous dans le même bateau. Plus vite l'éventreur sera arrêté, plus vite nous dormirons tranquilles.

— Qu'avez-vous appris sur lord Kiber Rennick ?

— Drôle de duc... Je suis certaine qu'il ne s'intéresse pas vraiment aux femmes. Aucune ne l'a eu comme amant. Pourtant, il est venu souvent dans le quartier. On jurerait qu'il est incapable de se comporter comme un homme. Une fois, on l'a vu discuter avec le chirurgien. Ce fut très court, comme s'il demandait son chemin. Mais c'était peut-être autre chose...

— Quand il s'est adressé à vous, comment s'est-il comporté ?

— Timide. Très timide. Moi, je suis gaie de nature. Je lui ai fait peur. Mais je n'ai pas de don pour le théâtre. Alors, il faut me prendre comme je suis. Les compliqués et les tordus, ce n'est pas mon genre.

— Sir William Jameson a-t-il menacé de mort l'une de vos consœurs ?

— Non, mais il en a frappé une, voilà un an. Quand il est revenu, nous étions plusieurs à l'accueillir. On l'a prévenu que, s'il recommençait, on s'arrangerait pour lui interdire l'accès de Whitechapel. Depuis, il s'est tenu tranquille. Mais c'est un emporté. Je ne sais comment on peut supporter un type colérique comme ça.

— Et Montague Fitword, l'avocat, a-t-il beaucoup... d'amies ?

— Ça, c'est étrange. Il en a eu beaucoup, en effet. Un nerveux, d'après ce qu'elles disent. Et puis, il y a un an environ, il les a abandonnées les unes après les autres. Pourtant, il vient régulièrement à Whitechapel... mais chez qui ? Je parviendrai bien à le savoir.

La Thomas Hardy's Ale possédait de remarquables vertus. Elle déliait la langue de la jeune femme qui s'exprimait avec volubilité.

— Le cas de Sergueï Sitachenko m'intrigue, avoua Higgins. Je suis allé chez lui. C'est plutôt coquet. Exerce-t-il vraiment une activité de dentiste ?

La mine d'Annabella devint boudeuse.

— Ça m'ennuie d'en parler.

— Pourquoi donc ?

— On a sa morale professionnelle, inspecteur.

— Je vais vous aider, dit Higgins, pendant que son interlocutrice dégustait le fromage de Stilton. Depuis combien de temps M. Sitachenko n'a-t-il pas pratiqué une intervention ? Un mois ?

La jolie blonde ne répondit pas.

— Un an ?

— A peu près...

— Difficile de vivre avec une activité aussi

réduite, constata Higgins. Il doit donc avoir une autre source de revenus. Aimait-il vraiment Lizbeth, dont il avait le portrait sur lui ?

— Il l'adorait et la couvrait de cadeaux. Sa mort lui a causé un choc terrible.

— Et celle de la seconde victime ?

— Je ne le crois pas. Il la connaissait, sans plus. L'amour de sa vie, c'était Lizbeth. Il s'en remettra difficilement. C'est un grand sensible, Sergueï. Il ne faut pas se fier à l'apparence.

L'*Apple Pie* était une petite merveille. Moelleux, tendre sous la langue, il enchanta Annabella.

— Je peux en commander un second ?

Higgins ne s'y opposa pas. Voir sa convive aussi joyeuse le réjouissait. La suite du repas, hélas ! s'annonçait moins détendue. Mais l'ex-inspecteur-chef n'avait pas le choix.

— Nous n'avons pas évoqué le cas de Martha Sidgwell, précisa-t-il.

— Aucun intérêt.

— Je ne suis pas de votre avis. Elle m'intrigue beaucoup.

— C'est une pauvre femme, mêlée malgré elle à une histoire qui la dépasse.

— Elle figure sur la liste des suspects.

— Hasard malheureux.

— Je suis persuadé du contraire.

La joie presque enfantine d'Annabella disparut brusquement.

— Que voulez-vous dire ?

— Martha Sidgwell s'est montrée particulièrement évasive dans ses déclarations, comme si elle cherchait à me cacher des faits essentiels.

— Ce n'est pas son genre.

— Elle ne me semble ni franche, ni sincère.

— Mais alors… vous ne me croyez pas non plus ?

— Dans ce cas précis, déplora Higgins, je crains de devoir mettre en doute votre témoignage.

— Pourtant, je vous jure…

— Ne vous enferrez pas davantage, mademoiselle. Je suis disposé à oublier votre manque de confiance mais, à présent, il ne faut plus rien me dissimuler.

Annabella essuya les larmes qui lui perlaient au coin de l'œil.

— Bien entendu, Martha Sidgwell n'habite pas à Tottenham.

— Vous avez vérifié ?

— Même pas. Elle mentait trop mal. Je suppose qu'elle réside dans un quartier proche de Whitechapel.

Annabella hocha affirmativement la tête.

— J'aurais pu entamer une enquête serrée la concernant, révéla Higgins, mais je souhaitais obtenir la vérité de votre bouche. Martha Sidgwell est-elle bien une sage-femme ?

— Si l'on veut.

— Précisez votre pensée, je vous prie.

— Elle n'a pas vraiment de diplôme… mais elle sait agir. Personne n'a eu à se plaindre d'elle. Enfin… elle n'a pas que des amis.

— Que lui reproche-t-on ?

— Comme vous finirez par l'apprendre, autant vous le dire… son surnom c'est « le vautour ». En réalité, elle est avorteuse.

— Pourquoi avez-vous tenté de la protéger?

Le regard de Higgins, devenu sévère, affola la jeune femme.

— Ce n'est pas du tout ce que vous croyez! Jamais je n'ai touché d'argent et jamais je n'en toucherai pour lui indiquer des clientes! Vous n'avez pas le droit de m'accuser!

Annabella éclata en sanglots. Higgins avait prévu cette catastrophe. Il lui offrit un mouchoir de lin.

— Soyez sans crainte, dit-il d'une voix rassurante. Dites-moi simplement la vérité.

La jolie blonde se calma.

— J'aime aider les autres, inspecteur. Quand j'ai rencontré Martha Sidgwell, j'ai été écœurée. Mais j'ai compris l'utilité de gens comme elle quand une de mes amies est tombée enceinte. Hors de question d'aller à l'hôpital. L'avorteuse est intervenue. Elle a bien fait son... travail. A trois autres reprises, ces dernières années, j'ai dû faire appel à ses services. Elle a été correcte. Voilà. Rien de plus, rien de moins.

— Où cache-t-elle son matériel? Chez elle?

— Non. A Whitechapel même.

— Vous connaissez l'endroit, bien entendu.

— Oui, inspecteur.

— Acceptez-vous de m'y conduire?

— Je crois que c'est mon devoir, à présent.

— Terminez tranquillement votre *Apple Pie*, Annabella.

*
**

La pluie tombait à nouveau, abondante, glaciale.

Dans Whitechapel déserté, les pas du couple résonnèrent sur les derniers pavés que l'on se proposait d'arracher bientôt. Annabella conduisit Higgins jusqu'à une arrière-cour sordide où deux gamins en culottes courtes jouaient aux billes, mouillés jusqu'aux os. L'arrivée des intrus les surprit. Ils tendirent la main pour demander des pennies. La jeune femme leur lança une injure en cockney. Ils détalèrent.

Au fond de l'arrière-cour, Annabella déplaça des caisses de bois et découvrit une trappe.

— C'est lourd. Pouvez-vous m'aider à la soulever ?

Higgins souleva la trappe, mettant au jour une cachette contenant une valise en carton.

— Voici le matériel de Martha Sidgwell, indiqua Annabella.

— Je suis obligé de l'emporter.

— Je m'en doutais... j'espère seulement qu'elle n'est pas coupable. Ce n'est pas une méchante femme. Elle est malheureuse. En agissant comme elle le fait, elle ôte un peu du malheur d'autrui.

— Puissiez-vous avoir raison... Un dernier détail : l'adresse de Martha Sidgwell.

La jeune femme la révéla.

Portant son pénible fardeau, Higgins s'éloigna sous la pluie battante. Annabella ne voulait se souvenir que d'une merveilleuse soirée passée en compagnie d'un homme hors du commun.

CHAPITRE XVI

Le laboratoire, comprenant l'urgence de la situation, travailla toute la nuit sur le matériel de l'avorteuse. Celle-ci fut interpellée à son domicile peu après le lever du soleil. À la suite d'une perquisition qui ne donna aucun résultat, on l'amena à Scotland Yard, où elle fut immédiatement reçue par Scott Marlow qui partageait un solide breakfast avec Higgins. En ce début de matinée du 22 septembre, le superintendant entrevoyait enfin un espoir.

Martha Sidgwell avait la tête rentrée dans les épaules. De ses doigts virils, elle serrait la lanière d'un modeste sac à main. Elle hésita à entrer dans le bureau du superintendant.

— Asseyez-vous, madame Sidgwell.

— Je suis arrêtée ?

— Nous n'en sommes pas encore là.

— Alors pourquoi des policiers sont-ils venus me chercher chez moi ?

— Il y a des éléments nouveaux, précisa Higgins qui se tenait derrière l'étrange sage-femme. Vous nous avez menti sur vos activités véritables.

— Je soigne les gens.

— Vous êtes une avorteuse, madame Sidgwell. Votre matériel est en notre possession.

— Vous devriez me le rendre. J'aide de pauvres filles dans la détresse.

— Contre rétribution, ajouta Scott Marlow, indigné.

— Comme tout le monde. Vous aussi, vous êtes payé.

— La comparaison est insupportable ! tonna le superintendant. Vous ne percevez pas la gravité de votre situation. Vous possédez des connaissances anatomiques suffisantes pour avoir mutilé vos victimes de manière horrible, mais précise. Votre clientèle, ce sont précisément les femmes de mauvaise vie et elles seules.

— Je n'exerce pas qu'à Whitechapel, précisa Martha Sidgwell. D'ailleurs, je ne suis pas avorteuse mais aide-soignante. Aucune femme ne témoignera contre moi. C'est vous qui avez tout inventé. Devant un tribunal, vos accusations ne tiendront pas.

— Et votre matériel ? Pourquoi était-il caché dans une arrière-cour de Whitechapel ?

— J'ignore de quoi vous parlez. Je ne possède aucun matériel.

Scott Marlow blêmit de rage. Derrière Martha Sidgwell, Higgins lui fit signe de se taire, plaçant l'index droit sur ses lèvres.

— Vous pouvez partir, madame Sidgwell, dit l'ex-inspecteur-chef. Dans un proche avenir, nous aurons probablement à vous interroger de nouveau.

— Comme vous voudrez. Moi, je n'ai rien à me reprocher.

L'avorteuse se leva et, prenant son temps, sortit du bureau sans saluer les deux hommes.

Le superintendant était abasourdi.

— Mais enfin, Higgins... nous tenions l'assassin et vous le laissez quitter librement le Yard ! Avez-vous observé ses mains ? Ce sont celles d'un homme. Elle était tout à fait capable d'étrangler ses victimes et de les mutiler. Il reste un détail à résoudre : elle a dû se déguiser. Une fois son crime accompli, elle a caché les instruments avec lesquels elle a torturé les cadavres. Une sage-femme prise de folie, se déchaînant contre les pauvres filles qu'elle ne supportait plus. Les actes d'une folle qu'il faudrait interner au plus tôt.

Higgins demeurait pensif.

— C'est une théorie tout à fait intéressante, mon cher Marlow. Jack l'Éventreur, une femme... pourquoi pas ? Martha Sidgwell est calme, a beaucoup de sang-froid, n'est la proie d'aucune émotion. On l'imagine assez bien en tueuse implacable. Mais il y a les résultats provenant du laboratoire...

— Je sais, Higgins, je sais.

Le matériel d'avorteuse de Martha Sidgwell avait été examiné avec la plus grande attention. On avait bien identifié des traces de sang humain, mais il ne s'agissait pas de celui des deux victimes.

— Nous n'avons contre elle aucune preuve, constata l'ex-inspecteur-chef, ni même un indice un peu solide qui nous permettrait de l'envoyer en prison.

— C'est quand même une avorteuse ! protesta le superintendant.

— A nous de le démontrer.

— Mais de nombreux témoignages...

— Nous n'en aurons aucun, mon cher Marlow. Martha Sidgwell a raison. On a bien voulu nous aider pour découvrir une vérité, mais personne ne voudra aller plus loin. Si cette femme est l'assassin, c'est à nous de démontrer le mécanisme de ses crimes.

Le superintendant maintint sa position.

— Je suis persuadé que cette Martha Sidgwell est une démente. Son calme apparent cache une formidable agressivité, une volonté de revanche contre un monde qui l'a exclue. Elle se venge sur des êtres faibles, à portée de sa main. Ses meurtres ont été prémédités. Ne connaissait-elle pas à la perfection le quartier de Witechapel ?

En écoutant attentivement Scott Marlow, Higgins prenait des notes sur son carnet noir.

— C'est assez convaincant, reconnut-il. Malheureusement, rien de concret.

Le superintendant était sensible à l'intérêt que lui portait son collègue mais devait admettre son jugement.

Le téléphone sonna. Marlow décrocha le combiné.

— J'écoute... comment ?... Quand ?... Montez-le dans mon bureau.

Il raccrocha, intrigué.

— Un message urgent à votre attention, Higgins.

L'ex-inspecteur-chef et le superintendant reconnurent l'écriture. C'était celle de la lettre de dénonciation qui avait permis à Higgins de découvrir, chez l'avocat Montague Fitword, des scalpels et une chemise tachée de sang. Le texte était bref : *Si vous voulez en savoir plus sur Jack l'Éventreur, rendez-vous cet après-midi à 15 heures à l'église Saint-Paul, Inigo Place. Venez seul ou je ne me montrerai pas.*

— C'est un piège, estima le superintendant. N'y allez pas. J'envoie plusieurs hommes armés et je fais boucler le secteur.

— Surtout pas. Nous devons tenter de saisir la moindre chance qui s'offre à nous.

— Je n'accepte pas que vous risquiez votre vie.

— Il s'agit d'un endroit très respectable, mon cher Marlow. L'heure n'a rien d'inquiétant et Jack l'Éventreur ne tue que des femmes.

***

L'église Saint-Paul, dans le quartier de Covent Garden, était une bâtisse lourde et épaisse, d'une redoutable laideur. Détruire par un incendie en 1633, elle avait été reconstruite à la fin du XVIIIe siècle par un certain Hardwick qui avait tenté de reproduire l'œuvre originale d'Inigo Jones. Les critiques d'art parlaient d'un style « très dépouillé ». La façade se composait d'un fronton triangulaire, avec une horloge en son centre, reposant sur de lourdes colonnes qui se voulaient toscanes. Les pierres, noircies par la fumée et les pollutions, rendaient l'édifice sinistre. Sa principale fonction était de servir de lieu de rendez-vous à des sommités du Tout-Londres. N'était-ce pas sous le porche de Saint-Paul que, dans le *Pygmalion* de Bernard Shaw, Eliza Doolittle avait rencontré le professeur Higgins ?

L'ex-inspecteur-chef, quant à lui, se rendit de l'autre côté de l'édifice, à Inigo Place. Une allée, bordée de lampadaires et de bancs de bois, menait à l'entrée de l'église, placée sous une petite rosace encadrée de deux vitraux oblongs. Au-dessus, le fronton triangulaire comportait également en son centre une horloge avec, de part et d'autre, des ouvertures carrées laissant deux cloches apparentes. Quelques arbres et des massifs de rosiers rendaient Inigo Place un peu champêtre.

A 14 h 50, Higgins s'assit sur un banc et s'adonna à la contemplation d'un rosier donnant de belles fleurs jaunes, mais qu'il jugea taillé sans génie et à l'emporte-pièce. Le lieu était désert, à l'exception de quelques pigeons qui roucoulaient avec obstination.

A 15 heures, un homme sortit de l'église. Vêtu d'un manteau bleu marine lui descendant jusqu'aux chevilles, coiffé d'un chapeau à large bord, il dissimulait son visage avec un cache-nez. En raison de la température devenue très fraîche et d'un vent violent qui poussait vers Londres des nuages venus de l'ouest, cet accoutrement pouvait se justifier.

L'homme s'assit à côté de Higgins, sans le regarder.

— C'est bien, dit-il en parlant à travers son cache-nez. Vous êtes venu seul.

— Vous pouvez vous exprimer normalement, sir William, conseilla Higgins.

— Vous... vous m'avez reconnu?

— Simple intuition.

Le chirurgien ôta chapeau et cache-nez. Une profonde anxiété marquait ses traits. Il paraissait beaucoup moins sûr de lui que lors de son premier interrogatoire.

— Pourquoi avez-vous refusé de me voir, sir William, alors que nous étions convenus d'un rendez-vous? Vous vous cachiez, lorsque je conversais avec votre épouse. Sans doute tentiez-vous d'entendre nos propos.

Le chirurgien plaqua la paume des mains sur ses favoris, comme s'il se giflait pour se réveiller et sortir d'un cauchemar.

— Exact, inspecteur. J'avais peur.

— Que redoutiez-vous donc?

— D'être arrêté. Scotland Yard ne lâche pas ses proies, même quand elles sont innocentes, comme moi. Ce sont ma réputation et ma carrière qui se jouent... Vous ne pouvez pas comprendre ça. Si les soupçons se concentrent sur moi, je perds ma dignité.

— Vous risquez de perdre bien davantage, indiqua Higgins. Confirmez-vous les propos de votre épouse?

— Oui. Elle ne sait pas mentir.

— Lord Kiber Rennick est donc bien l'un de vos amis.

— Je hais ce type. On se connaît, c'est vrai, mais je le déteste. Ses manies, son arrogance...

— Pourquoi le fréquenter?

— Un mot de lui, et les plus grandes fortunes d'Angleterre accourent. C'est grâce à son intervention que j'ai pu me constituer une clientèle magnifique qui ne conteste pas mes honoraires. Je lui dois beaucoup... beaucoup trop. Avec moi, il s'amuse. Je suis le petit prolétaire qu'il a élevé au rang de chirurgien mondain. Je dépends de lui et, ça, je ne peux pas le lui pardonner.

— Savez-vous pourquoi il se rend régulièrement à Witechapel?

— Je l'ignore. C'est un homme très secret. Il parle peu. En réalité, je ne sais rien de lui. Etre duc, paraître duc, agir en duc est sa vocation.

— Reconnaissez-vous utiliser des bas de soie pour orner les jambes des femmes que vous avez séduites?

Sir William Jameson continuait à regarder devant lui.

— C'est un fait. Chacun ses manies.

— Pourquoi vous être tu sur ce point?

— J'ai ma pudeur. Je suis honteux que vous l'ayez appris.

Higgins consulta son carnet noir. Il constata que les présomptions contre sir William Jameson s'accumulaient. Les détails s'ajoutaient les uns aux autres, allant dans le même sens.

— Vos hôtesses de Whitechapel bénéficiaient donc de cet hommage à leur beauté?

Le chirurgien approuva d'un hochement de tête.

— Pourquoi avez-vous frappé l'une d'elles?

— Qui vous a raconté ça?

— Répondez, exigea Higgins.

— Bon, d'accord, je me suis un peu énervé... elle ne voulait pas enfiler les bas, vous vous rendez compte ? Ce n'est quand même pas grand-chose ! Et je n'aime pas qu'on me résiste. A Whitechapel, ça n'a pas été bon pour ma réputation. Ces dames m'ont averti qu'elles se ligueraient contre moi si je recommençais. Alors, je me suis tenu tranquille et tout s'est bien passé.

— En raison de vos multiples... expériences, sir William, vous avez contracté une maladie que vous avez transmise à votre épouse. Elle l'a rendue stérile. L'un et l'autre, par votre faute, avez été condamnés à une existence sans enfants.

— Ça vaut peut-être mieux... Je ne crois pas que j'aurais réussi à renoncer à mes instincts. Je suis fait comme ça. Personne n'y changera rien.

— Souffrez-vous beaucoup de ne pas être père ?

— Ça dépend des moments. Un beau gâchis, c'est sûr... et je suis le seul responsable. Difficile à supporter.

— A Oxford, vous étiez l'ami et le mentor de Montague Fitword. Vous lui avez déconseillé d'exercer la profession de médecin, bien qu'il ait obtenu son diplôme. Quelles étaient vos raisons ?

— Montague est un homme réservé, sans aucune personnalité. Au lieu de rassurer ses patients, il les aurait affolés. J'ai tenté d'éviter une catastrophe. L'avenir m'a rendu justice. Montague est devenu un excellent avocat.

— Pendant vos études, vous sortiez ensemble.

— Quelquefois.

— Comment M. Fitword se comportait-il avec les jeunes filles ?

— De manière bizarre. Tantôt très froid, tantôt excité.

— Vous chirurgien, lui avocat, avez-vous continué à vous revoir ?

Sir William Jameson hésita.

— Quelquefois.

— Vous êtes-vous rendus ensemble à Whitechapel pour y fréquenter des dames de mœurs légères ?

— Non. Une seule fois, je l'ai croisé dans ce quartier. Ça m'a beaucoup surpris. Il n'a pas consenti à s'expliquer. Montague dans ce quartier, vraiment étonnant... à moins qu'il ne soit retourné vers ses anciens démons.

— C'est-à-dire ?

— A Oxford, comme les jeunes filles de bonne famille le repoussaient, il s'est orienté vers des amours plus faciles. En tant qu'avocat, il aurait dû être rangé. Mais qui peut se vanter de connaître un homme ? Il suivait peut-être mes traces.

Une averse se déclencha.

— Souhaitez-vous entrer dans l'église ?

— Non, je n'en suis pas digne. L'eau du ciel me purifiera peut-être.

— Pourquoi avoir dissimulé chez votre ami Montague des indices susceptibles de le faire accuser de meurtre et pourquoi m'avoir fixé ce rendez-vous ?

— La honte, inspecteur, la plus insupportable des hontes... C'est bien moi qui me suis introduit chez Montague et qui ai caché les objets dans la cheminée de son salon. Les scalpels m'appartiennent. La chemise aussi. Je hais les chats. Il m'arrive d'en égorger, par plaisir. C'est le sang de l'un d'eux qui l'a tachée. En la plaçant chez Fitword, je me dédouanais... mais je l'accusais. Cela vous paraîtra peut-être étonnant, mais je n'y avais pas songé. Je me préoccupais uniquement de moi, de mon avenir et pas de lui. Trop, c'est trop... je n'avais pas le droit d'agir ainsi. C'est pourquoi j'avais besoin de me dénoncer. Le sac de cuir n'appartient pas à Montague. Même s'il n'est plus l'ami d'autrefois, il ne mérite pas d'être désigné du doigt comme un assassin. La lettre de dénonciation, c'est moi qui l'ai écrite. Je suis un monstre, inspecteur. Un monstre qui se repent et demande son pardon.

— Quand avez-vous pénétré dans l'appartement de Montague Fitword? Le 19 au soir?

— C'est ça.

— C'est ce qui explique l'absence de suie et de poussière sur le sac, indiqua Higgins.

Un sourire inquiétant anima les lèvres du chirurgien.

— J'y tiens beaucoup, à ce sac! Il est très joli... j'ai pris soin de ne pas le salir. Pauvre Montague... je lui ai causé du tort, je le sais bien. J'espère qu'il me pardonnera.

— Il ne risquait pas grand-chose.

Une expression d'étonnement s'inscrivit sur le visage de Sir William Jameson.

— Que voulez-vous dire?

— La chemise tachée de sang portait vos initiales : W.J. Elle vous désignait, vous, et pas Montague Fitword.

Le chirurgien était abasourdi.

— Mais je croyais... que cette chemise était vierge de toute inscription ! Je me suis donc trompé, complètement trompé...

— D'une certaine manière, estima Higgins.

CHAPITRE XVII

Le 23 septembre, dans la matinée, fut organisée une confrontation entre sir William Jameson et Montague Fitword. La veille au soir, Higgins était parvenu à convaincre les deux hommes de se rencontrer au plus vite dans le bureau du superintendant Marlow et de mettre les choses au clair. Le chirurgien avait accepté assez vite, mais l'avocat avait protesté avec véhémence. L'ex-inspecteur-chef avait dû utiliser des trésors de diplomatie.

Scott Marlow attendait le duel avec impatience. La consultation des dossiers qui continuaient à s'accumuler ne lui avait procuré aucun résultat intéressant. A présent, il avait presque la certitude que le nouvel éventreur ne pouvait être que le chirurgien ou l'avocat. L'idée de Higgins s'avérait excellente. Au terme de la confrontation que le superintendant voulait rude et serrée malgré la personnalité des deux suspects, il espérait que la nouvelle affaire de Whitechapel serait close.

Le chirurgien arriva le premier, peu avant 10 heures du matin. Son aspect vestimentaire avait considérablement changé. Du praticien distingué et élégant qui devait charmer une clientèle exigeante, il ne restait plus rien. Lui avait succédé une sorte d'étudiant attardé, portant un vieux pantalon de toile et une chemise à carreaux au col affaissé. Sa violence naturelle semblait avoir cédé le pas à une inquiétante apathie qui seyait mal au personnage.

— Je suis prêt, messieurs, annonça-t-il d'une petite voix fluette. Quel châtiment me réservez-vous ?

Le visage de Scott Marlow apparaissait entre deux piles de dossiers. D'ordinaire, il avait quelque appréhension à entamer le dialogue avec des membres de la *High Society* ; cette fois, il se sentait parfaitement à l'aise, sur son terrain et face à un homme qui avait visiblement renoncé à ses prérogatives.

— Pour le moment, sir William, je ne retiens aucune charge contre vous. Vous avez commis de lourdes fautes, mais elles peuvent être atténuées par la qualité de votre collaboration. Si vous acceptez de nous aider dans la recherche de la vérité, nous serons très indulgents. Suis-je suffisamment clair, sir William ?

— Suffisamment, inspecteur. Je suis prêt à payer pour mes erreurs.

— Asseyez-vous en face de moi.

Docile, le chirurgien obéit. Higgins resta debout dans un angle de la pièce, face à la porte que poussa bientôt Montague Fitword. Contrairement à son ex-ami, l'avocat avait adopté une tenue vestimentaire digne et stricte convenant à la gravité de la situation. Les petites lunettes cerclées d'or ne demeurèrent pas longtemps sur son nez.

— Messieurs, je proteste énergiquement contre cette convocation illégale. Si j'ai accepté de venir, c'est pour mieux démontrer mon innocence.

Le chirurgien se leva et se tourna vers l'avocat.

— Montague ! J'ai tant à me faire pardonner... Il faut que tu me comprennes.

— Un peu de tenue, sir William. Gardez votre sang-froid. Scotland Yard vous observe.

— Vous pouvez, l'un et l'autre, compter sur notre bienveillance, insista le superintendant. Prenez place.

L'avocat accepta la chaise que Higgins lui avançait. Il s'assit, très raide. Situé de trois quarts par rapport à lui, le chirurgien se tassa sur son siège.

— Qu'avez-vous fait à sir William ? interrogea Montague Fitword. Un lavage de cerveau ? Pourquoi est-il dans cet état ?

— Je vais bien, Montague, assura le chirurgien. Je vais très bien. Je suis ici de mon plein gré, comme toi. Il faut que je confesse mes fautes.

— A quoi rime cette mascarade ? s'insurgea l'avocat. Si elle dure une seconde de plus, je sors de ce bureau et je porte plainte.

— Vous n'en ferez rien, intervint Higgins. Nous recherchons un assassin des plus vils et des plus dangereux. L'un et l'autre êtes suspects, à des titres divers. L'heure est venue de dissiper quelques ténèbres, ne croyez-vous pas ?

— A votre convenance, inspecteur. Que sir William soit éventuellement mêlé à ce drame, à vous de le prouver. En ce qui me concerne, je suis parfaitement innocent.

— Demeure pourtant une énigme : la somme d'argent dont vous refusez de dévoiler la provenance.

— Ce n'est pas un délit.

— L'un et l'autre, rappela Higgins, avez caché que vous vous connaissiez depuis de nombreuses années.

— Simple oubli et détail de peu d'intérêt, estima l'avocat.

— Je ne suis pas d'accord, rétorqua le chirurgien. Nous avons vécu une belle amitié. A Oxford, nous étions inséparables.

— N'exagérons rien.

— Tu as une mauvaise mémoire, Montague. Tu ne prenais aucune décision sans me consulter. Grâce à moi, tu es devenu un bon avocat au lieu d'un mauvais médecin.

— Passé révolu.

— Tu me fais beaucoup de peine, Montague.

Scott Marlow était stupéfait par la transformation du caractère de sir William Jameson. Qu'était devenu le bravache au verbe haut et au caractère farouche ? Il se comportait comme un être brisé, vaincu, prêt à toutes les concessions pour obtenir les bonnes grâces de son ancien ami de collège.

— Ne te comporte pas comme un gamin attardé, William ! Tu nous ridiculises l'un et l'autre. Je ne suis pas décidé à subir plus longtemps cette comédie.

L'avocat tenta de se lever mais la main de Higgins, fermement posée sur son épaule, l'obligea à rester assis.

— Tenez-vous tranquille, monsieur Fitword. Fuir serait inutile.

— Fuir? Vous m'insultez, inspecteur! De quel droit me retenez-vous ici?

La voix de l'ex-inspecteur-chef se fit solennelle.

— Du droit d'un homme qui veut empêcher un monstre de nuire. Je suppose que vous m'approuvez.

L'avocat ôta ses lunettes et croisa les jambes. Ses efforts pour ne pas paraître nerveux aboutirent au résultat inverse.

— Evidemment. Mais j'ai des dossiers en attente. Si vous pouviez en finir au plus vite, vous m'obligeriez.

— Comptez sur moi, assura Higgins. L'enquête a donc permis d'établir que vos relations amicales sont fort anciennes. Ce que nous ignorons encore, c'est la date et la cause de votre brouille.

— Nous nous sommes perdus de vue, voilà tout, déclara Montague Fitword. L'existence sépare les meilleurs camarades.

— Mais non, objecta le chirurgien. Nous sommes toujours restés en bons termes. J'ai commis une grosse bêtise en déposant chez toi le sac de cuir contenant les scalpels et la chemise... Si tu savais comme je regrette! Tu es mon seul ami et je t'ai trahi de la manière la plus ignoble. Parfois, je me demande si je ne suis pas complètement fou.

Montague Fitword était devenu verdâtre.

— Toi, c'est toi qui as déposé le sac dans ma cheminée... Te rends-tu compte?

Le chirurgien était au bord des larmes.

— Je suis un lâche, Montague, un être vil... j'avais tellement peur d'être accusé de meurtre que j'ai préféré te faire accuser, toi, le seul homme en qui j'ai confiance. Ça ne s'explique pas, je te jure. C'est une folie, la plus épouvantable des folies. Pourras-tu me pardonner?

Comme frappé par la foudre, l'avocat gardait la bouche entrouverte, incapable d'émettre une protestation.

— A la décharge de sir William, précisa Higgins, je dois révéler qu'il m'a confessé sa faute afin d'innocenter M. Fitword.

Ce dernier tourna lentement la tête vers l'ex-inspecteur-chef.

— Vous... vous n'aviez quand même pas cru à ma culpabilité?

— A ce stade de l'enquête, nous devons tout envisager. J'exige à présent une totale sincérité de votre part : vous êtes-vous rendu à Whitechapel en compagnie de sir William afin d'y obtenir les faveurs des dames de petite vertu?

— Bien sûr que non! rugit l'avocat.

— Bien sûr que si, geignit le chirurgien. Tu as oublié, Montague? Tes rapports avec les femmes ont toujours été difficiles. A Oxford, déjà, tu ne fréquentais que des professionnelles. Il y a un an, quand tu as évoqué ta détresse affective, j'ai décidé de te faire profiter de mes... relations.

Montague Fitword semblait perdu dans une jungle où il ne connaissait aucune piste.

— C'est faux, complètement faux! Cet homme

est un dément qui invente n'importe quoi ! Il a déjà essayé de me faire passer pour un criminel et il recommence... Qu'il se taise, je vous en supplie !

— Il n'y a rien de grave, estima sir William Jameson. Fréquenter ces accueillantes jeunes femmes n'est pas un délit... Quand tu as obtenu les bonnes adresses, tu n'as plus eu recours à mes services. J'ignore même laquelle tu allais voir. Mes amies me confiaient que tu avais des faiblesses pour une petite brunette.

L'avocat, au comble de l'irritation, cassa l'une des branches de ses lunettes.

— Je n'en supporterai pas davantage... c'est un tissu d'affabulations !

— Je n'ai jamais menti, affirma le chirurgien, sur le même ton doux et monocorde. Ce n'est pas dans mon caractère. Je ne cherche pas à te nuire, Montague. Ni l'un ni l'autre ne sommes des assassins. Mais moi, je suis coupable de t'avoir calomnié. J'aimerais tant que tu me pardonnes.

— Jamais. Tu m'entends : jamais !

Le cri de rage de l'avocat plongea le chirurgien dans un abîme de désespoir. Higgins s'adressa au premier.

— Monsieur Fitword, vous n'admettez pas la présentation des faits proposée par sir William ?

— Je suis un honnête citoyen, inspecteur. Il n'y a aucune preuve contre moi. Je suis plutôt une victime qu'un fou aurait pu envoyer à la potence.

— Montague ! protesta le chirurgien. Tu n'as pas le droit de dire ça ! Ce n'était pas mon intention, je le jure.

L'avocat se leva. Higgins n'intervint pas.

— Vous avez essayé de m'impressionner et de me faire craquer. C'est scandaleux. J'exige de retourner immédiatement dans un monde composé de gens normaux.

— A bientôt, monsieur Fitword.

D'une démarche hésitante, croyant à peine à sa délivrance, l'avocat sortit du bureau de Scott Marlow. Ce dernier s'étonna de la mansuétude de Higgins. Un interrogatoire un peu plus poussé aurait sans doute permis d'obtenir des aveux.

— Montague est parti, marmonnait le chirurgien, effondré. Montagne est parti et il ne m'a pas pardonné.

— Il faut partir aussi, dit Higgins, paternel. Allez vous reposer. Nous nous reverrons plus tard.

L'ex-inspecteur-chef aida le chirurgien à marcher et le confia à un planton qui l'emmènerait hors des locaux du Yard.

— Bizarre, conclut Scott Marlow. Je me demande lequel des deux ment effrontément. Nous commençons à tenir quelque chose de sérieux. Cet avocat serait-il aussi dépravé que son chirurgien ?

— Avec les hommes, mon cher Marlow, il faut s'attendre au pire. Les déceptions sont rares.

Higgins prit de nombreuses notes d'une écriture fine et rapide.

— Tous les deux sont amateurs de femmes faciles, déclara le superintendant, réfléchissant à haute voix. Tous les deux possèdent des compétences médicales. Ne seraient-ils pas complices ? Ne sont-ils pas deux camarades déçus par leur existence sentimentale et décidés à se venger en mutilant des prostituées ?

— C'est une hypothèse extrêmement intéressante, reconnut Higgins. Ne la perdons pas de vue.

— Je me demande, poursuivit le superintendant, si ce chirurgien n'est pas réellement fou. Il a changé de manière incroyable. Le tigre s'est transformé en agneau. J'aimerais connaître le motif de cette métamorphose.

— Il n'y en a peut-être aucun, avança Higgins, énigmatique.

— Pourquoi cette supposition ?

— Il n'existe pas comédien plus habile que celui qui simule la folie, mon cher Marlow.

CHAPITRE XVIII

— Un simulateur... ça expliquerait tout!

— Je ne sais pas encore. S'il existe bien chez cet homme deux personnalités aussi opposées, son équilibre mental paraît en effet menacé.

— Quel accoutrement pour un chirurgien de la haute société! Même pas un chapeau sur la tête...

Le regard de Higgins s'alluma.

— Pourriez-vous répéter, mon cher Marlow?

— Quel accoutrement...

— Non, non : la fin de votre phrase.

— Même pas un chapeau sur la tête.

— Un chapeau, une canne et des gants... Mais bien sûr! Nous avons été stupides. Rappelez-vous, superintendant, l'interrogatoire de tous les témoins, à Whitechapel; c'est bien vous qui m'avez amené lord Kiber Rennick?

— En effet.

— Que s'est-il passé exactement?

— Rien d'exceptionnel... il s'est débarrassé de son chapeau, de sa canne et de ses gants comme n'importe quel gentleman.

— Les avez-vous examinés ?

— Bien sûr que non.

— Et moi non plus, hélas ! Cette fois, ne tergiversons plus : je dois interroger au plus vite le duc. Avez-vous obtenu la bénédiction du grand patron ?

— A dire vrai...

— Eh bien, allons-y ensemble.

— Higgins, ne croyez-vous pas...

— Espérons qu'il n'est pas trop tard.

Les négociations avec les autorités supérieures du Yard durèrent l'après-midi entier. Bien entendu, le duc était soumis à la loi comme n'importe quel autre citoyen. Bien entendu, également, il n'était pas un citoyen comme un autre. Ses relations, sa position sociale, son nom, ses titres ne permettaient pas qu'on l'importunât sans raison sérieuse, surtout dans le cadre d'une enquête criminelle qui risquait de ternir la réputation d'un grand du royaume.

Higgins batailla avec tranquillité et fermeté.

La direction du Yard comprit qu'elle ne parviendrait pas à se débarrasser de lui. Il fallut donc s'adresser à Buckingham Palace, puis au 10 Downing Street, sans oublier la Chambre des lords. De multiples interventions, plus discrètes les unes que les autres, s'enchaînèrent.

Higgins regrettait sa négligence du 8 septembre. Ce jour-là, il avait peut-être eu l'arme du crime à portée de la main. Une banale convention sociale l'avait aveuglé. Après tant d'années d'expérience, la leçon était rude mais efficace. Il ne l'oublierait pas de sitôt. Si, un jour, la vanité lui taquinait l'esprit, il lui suffirait de se remémorer le personnage de Jack l'Éventreur. L'enquête prenait d'ailleurs une singulière dimension, précisément celle qu'il redoutait depuis le début.

Higgins fut amené à plaider sa cause devant un aréopage de hauts fonctionnaires tenant une réunion qui, quelle que soit son issue, n'aurait jamais eu lieu. Il maintint sa position avec la plus grande rigueur, rappelant que le duc avait accepté une première fois de répondre à ses questions et que le Yard se devait d'expliquer les raisons de sa présence tout à fait insolite à Whitechapel.

Cent arguments évoquant l'honorabilité de la haute société britannique et les conséquences catastrophiques d'un faux pas lui furent opposés. Higgins les repoussa patiemment, un à un. Puis ce fut une longue attente, qui prit fin à 21 heures.

Le superintendant Marlow annonça lui-même la nouvelle à l'ex-inspecteur-chef : dans les limites du bon goût, il était autorisé à s'entretenir avec lord Kiber Rennick, sans qu'il s'agisse d'un interrogatoire de police à proprement parler.

*
**

Le périple de Higgins commença le 24 septembre au matin. Il se rendit à l'hôtel particulier du duc, dans le quartier de Mayfair, là où l'auguste personnage avait consenti à lui accorder un rendez-vous. Reçu par un secrétaire particulier d'un abord résolument rébarbatif, Higgins patienta dans un salon surchargé de tableaux de maîtres jusqu'au début de l'après-midi. Le secrétaire particulier l'avertit que le duc, à l'emploi du temps trop rempli, avait été contraint de se rendre plus tôt que prévu à un déjeuner d'affaires. Il recevrait donc l'ex-inspecteur-chef au milieu de l'après-midi, à son club privé, dans Regent Street.

Higgins s'y rendit sur l'heure et dut batailler ferme pour avoir l'autorisation de s'asseoir dans le hall d'entrée. Il attendit en vain. A 18 heures, il passa au Yard. Scott Marlow classait ses dossiers. Il devrait présenter à ses supérieurs un colossal rapport administratif où ne manquerait pas une virgule.

— Avez-vous interrogé lord Kiber Rennick ?

— Hélas, mon cher Marlow. Comme disent les Français, il m'a posé deux lapins. Où se trouve son château ?

— Un instant. Je me renseigne.

La réponse fut rapide : le duc résidait assez fréquemment dans le château familial du Loch Glennfisch, au nord de l'Ecosse.

— Je pars demain matin, annonça l'ex-inspecteur-chef.

***

Le 25 septembre fut pour Higgins, qui détestait voyager, une épouvantable journée. La ligne de chemin de fer, dans ce coin perdu de l'Ecosse, était une véritable épreuve pour les wagons et les voyageurs.

Depuis la petite gare noyée sous une pluie battante, il prit un taxi qui le conduisit à une auberge égarée dans la lande. Sitôt ses bagages déposés dans une chambre modeste mais douillette, l'ex-inspecteur-chef se rendit au château du Loch Glennfish, un édifice austère et rébarbatif de la fin du Moyen Age. A côté de lui, la Tour de Londres paraissait presque gaie.

L'ex-inspecteur-chef fut accueilli par un maître d'hôtel en kilt qui, à première vue, détestait les étrangers.

Il avoua cependant que son maître était bien présent mais qu'il donnait une réception où ne seraient conviées que des personnes aux quartiers de noblesse confirmés. Higgins évita d'évoquer sa généalogie et demanda à voir le responsable de l'emploi du temps du duc. On dérangea un jeune homme efféminé qui consentit à s'entretenir avec l'intrus venu de Londres. Face à une évidente mauvaise volonté, l'ex-inspecteur-chef fut obligé de hausser le ton. Le jeune homme prit peur. Le lendemain, 26 septembre, le duc partait à la chasse et ne pouvait recevoir personne. Le 27, il se reposait. Le 28, il préparait son départ pour l'étranger.

— Je serai ici demain à 17 heures, annonça Higgins. Lord Kiber aura eu le temps d'ôter ses bottes.

*
**

Une minute avant 17 heures, le 26 septembre, l'homme du Yard se présenta à la porte du château. Sans mot dire, le maître d'hôtel lui ouvrit. Le jeune homme efféminé, planté au pied d'un escalier en chêne massif, tendit à Higgins un plateau en argent.

Le serviteur avait un rictus. Ce n'était pas la misérable carte de visite d'un policier du Yard qui convaincrait le duc de recevoir cet intrus.

Higgins avait prévu l'épreuve. Sur le plateau, il déposa une carte de visite dont la lecture fit rougir de honte le jeune homme. En découvrant les titres et l'ancienneté de la famille du solliciteur, il se promit, comme tout bon serviteur, de ne plus adresser la parole à un supérieur, à moins d'être interrogé.

Cinq minutes plus tard, un autre domestique s'inclina devant l'ex-inspecteur-chef et le guida jusqu'à une vaste pièce où le duc, debout devant une bibliothèque en acajou, consultait un annuaire de la noblesse.

— Remarquable, inspecteur. Tout à fait remarquable. En plus, vous ne vous vantez pas.

— Je vous prierai de garder ces détails secrets, lord Kiber.

— Pourquoi ne pas afficher vos origines ? Dans ce monde décadent, ne faut-il pas affirmer les vraies valeurs ?

— Je me contente d'être moi-même. Si j'ai été obligé d'utiliser ces références, c'est en raison de votre refus de me recevoir.

— L'opinion de Scotland Yard ne me concerne pas. Celle d'un homme de qualité, en revanche, m'intéresse au plus haut point. Accepteriez-vous une invitation à dîner ?

— Volontiers, si nous pouvons parler sans détour.

— Entre personnages du même rang, c'est une

politesse élémentaire. Que pensez-vous de cette petite retraite ?

— Austère et grandiose.

— Venez voir ce paysage, mon cher Higgins. N'est-il pas magnifique ?

L'ex-inspecteur-chef traversa le salon, marchant sur un tapis d'Ispahan. Devant une cheminée en marbre noir, un petit bureau Louis XV. De part et d'autre, des colonnes de style dorique supportant des faunes. Aux murs, ornés de tentures rouge et vert, des tableaux représentant la campagne écossaise.

Depuis les hautes fenêtres, le spectacle, en effet, était superbe. Malgré la pluie, le Loch apparaissait comme une vaste plaine aquatique où se mêlaient, dans un tourbillon, des reflets argentés. Ainsi le château semblait-il dominer une mer que rendraient bientôt furieuse des vents violents.

— Là-bas l'eau, ici la terre, dit le duc, rêveur.

— « La terre des créatures, cita Higgins, est aussi leur tombe. Leur sépulcre est sa matrice même. »

— Vous aimez Shakespeare... vous avez raison. Dînons, voulez-vous ?

Le duc tira sur un cordon. Presque aussitôt commença un ballet de serviteurs qui dressèrent une table pour deux. Nappe blanche brodée, assiettes aux armes des Rennick, plats en vermeil.

— Potage, caviar, navarin et sorbet. Cela vous convient-il ?

Répondre eût été impertinent. Le menu était agrémenté par un château d'Yquem d'une année respectable.

— Ce monde petit-bourgeois m'ennuie, déclara le duc. Il n'y a plus que du faux Tudor, des pelouses mal soignées, des golfeurs qui se prennent pour des sportifs et des clubs qui admettent n'importe qui. L'Angleterre part en lambeaux.

Les deux hommes se lancèrent un léger défi en consommant le potage, pièce redoutable pour un convive non préparé. Il fallait, en effet, accomplir de manière impeccable le trajet entre l'assiette et la bouche, sans trembler et en gardant la tête droite. De plus, jamais la pointe de la cuillère ne devait toucher les lèvres. Le dîneur devait l'aborder de manière latérale sans le moindre bruit de succion.

— Oxford ou Cambridge ? demanda le duc.

— Cambridge, répondit Higgins.

— Moi aussi. Vous portiez, bien entendu, le pantalon de flanelle grise et la veste en tweed qui, avant la Grande Guerre, étaient réservés aux gentlemen. Aujourd'hui, n'importe quel rustaud s'en affuble. Je me demande parfois s'il ne faudrait se distinguer en portant des costumes râpés.

— Ou bien en allant dans des quartiers indignes d'un noble, comme Whitechapel, suggéra Higgins.

— C'est une possibilité, en effet.

Un serviteur apporta un rince-bouche dans lequel il ne fallait rincer que les doigts. Si le roi et la reine avaient été présents, eux seuls auraient eu le droit de l'utiliser.

— C'est même une certitude, estima Higgins.

— Les hommes déçus par ce monde prennent de curieuses habitudes, cher ami. Et je suis un homme très déçu. Whitechapel ou Buckingham Palace, après tout...

Par bonheur, le superintendant Marlow était absent. S'il avait entendu ces paroles, il aurait sans doute été victime d'un malaise cardiaque.

— Vous connaissez bien sir William Jameson, semble-t-il.

— Un pauvre type, jugea le duc. Il joue les matamores, mais c'est un esprit faible et influençable. Grâce à moi, il est devenu un chirurgien riche et mondain. Il continue à me craindre, l'imbécile, comme si son cas m'intéressait !

— Vous êtes-vous croisés, dans Whitechapel ?

— Une seule fois. Il était gêné. Me voir en ces lieux l'a stupéfié.

— Saviez-vous pourquoi il s'y trouvait ?

— Je m'en moque.

— Avez-vous échangé des propos ?

— Trois fois rien. Il voulait s'enfuir. Je l'ai salué et lui ai recommandé de satisfaire tranquillement ses vices, comme moi.

— D'après un témoignage fiable, lord Kiber, vous êtes plutôt timide avec les femmes. On ne connaît guère vos préférées, à Whitechapel.

— Je confesserais volontiers une affection ancienne pour les dames de mauvaise vie et à la chevelure rousse, mais pourquoi mentir ? Je n'aime plus les femmes. Elles m'ennuient. Elles manquent d'imagination. Elles sont décadentes. Mais les voir s'agiter m'amuse encore un peu, si peu... En fait, je crois que je vais finir par préférer la compagnie de certains hommes. A l'exception de dégénérés comme ce malheureux William. Mais ce sont là propos sans grand intérêt. Si vous êtes venu jusqu'ici, cher ami, c'est parce que vous me croyez coupable de meurtre.

Higgins se contenta de lisser sa moustache poivre et sel.

— Pourrais-je voir la canne que vous utilisiez, le 8 septembre ?

Le duc sourit.

— Pourquoi me le demander si tard ?

— Parce que, ce jour-là, j'ai commis une faute professionnelle.

— La sincérité est une valeur périmée, cher ami, mais elle ne manque pas de panache. Saviez-vous que je ne me sépare jamais de cette canne ?

— Non.

— Descendons dans le vestibule.

Higgins suivit le duc. Sur un meuble, il y avait un chapeau, une paire de gants et une canne.

— Eté comme hiver, je juge ces accessoires indispensables. Sans eux, je me sentirais indécent. Ils sont à vous. Examinez-les à loisir.

S'emparant de la canne, l'ex-inspecteur-chef ne tarda pas à trouver un minuscule loquet de sécurité, que d'aucuns auraient assimilé à une bobinette. Il libéra ainsi une lame très effilée.

— Une canne-épée, commenta lord Kiber Pennick. C'est donc bien à cela que vous aviez pensé. Et vous croyez à présent tenir l'arme du crime. Ce serait un fameux exploit, je le reconnais ! Un duc tueur de prostituées... quel scandale ! Un dernier coup, fatal celui-là, porté à l'aristocratie anglaise. Mais vous n'exultez pas de joie, cher ami. Est-ce qu'un détail vous contrarierait ?

Higgins examinait l'arme avec la plus grande attention.

— Une fine lame, reprit lord Kiber Rennick. Souple, mais efficace. Elle est capable de percer des ventres et de taillader des chairs. Malheureusement, pas de trace de sang ! Mon épée est d'une propreté impeccable. Deux solutions : ou bien je n'ai assassiné personne, ou bien j'ai nettoyé l'arme du crime. Ai-je bien résumé votre pensée ?

— A peu près, répondit Higgins.

— Quelque chose m'étonne : si je suis un assassin de cette trempe, aurais-je été assez stupide pour garder une lame maculée du sang des victimes ?

— Les plus intelligents, ou du moins ceux qui se considèrent comme tels, commettent parfois ce genre d'erreur. A vous dire vrai, je ne l'espérais pas.

— En ce cas, pourquoi cette démarche qui ne vous procure aucune certitude ?

— Détrompez-vous, lord Kiber. Le dîner était excellent et vous m'avez beaucoup appris sur vous-même. Je sais à présent que cette canne-épée existe. Il me reste à déterminer à quel usage elle fut destinée.

— A ma seule protection, bien entendu ! Imaginez-vous un seul instant que je me sois abaissé à devenir un vulgaire boucher ?

— L'imagination m'est interdite. Je dois me cantonner à l'ordre et à la méthode.

Le visage du duc s'assombrit.

— J'ai l'impression que vos doutes à mon égard ne sont pas complètement dissipés... et ce n'est pas ce que je dois vous révéler qui ira dans le bon sens. Je le dois, car vous fûtes un hôte parfait. Dissimuler encore quelque chose m'est insupportable. C'est un simple détail. N'en faites pas une montagne. Le 31 août, j'ai vu la première victime, Lizbeth, sans doute peu de temps avant sa mort. Nous errions dans le brouillard, elle et moi. Elle a osé me proposer ses charmes. J'ai refusé, voilà tout. Et je n'ai pas eu le privilège d'apercevoir l'éventreur.

CHAPITRE XIX

Le 27 septembre, Higgins regagna Londres. Il avait ordonné à lord Kiber Rennick de se trouver dans son hôtel particulier le 29 au plus tard et de ne plus quitter la capitale sans l'autorisation de Scotland Yard. L'aristocrate n'avait pas protesté.

C'est en arrivant à Londres que l'ex-inspecteur-chef ressentit la première attaque d'un virus grippal. Le surcroît d'activité, les déplacements, la tension nerveuse, la pollution de la capitale... ces facteurs conjugués se révélaient pernicieux.

Higgins passa donc chez *Nelson's* où il se procura un tube d'*Influenzinum*. Le pharmacien lui confirma que froid et humidité s'accompagnaient déjà d'une épidémie précoce.

Les articulations rouillées, la tête lourde, Higgins se rendit néanmoins au Yard où Scott Marlow guettait son arrivée avec impatience et anxiété.

— Higgins, enfin! Avez-vous réussi?

— Je l'ignore, superintendant.

— Comment a réagi le duc?

— Plutôt bien, quoiqu'il soit dans un mauvais

cas. A Whitechapel, il se promenait avec une canne-épée.

— Il n'a quand même pas... avoué ?

— Non, mais il reconnaît avoir croisé la première victime, le 31 août.

— Ça ne le rend pas coupable.

— Ça ne l'innocente pas non plus.

— Mais pas au point... de l'arrêter ?

— Je n'ai pas de preuve.

— Des suspicions, marmonna Scott Marlow, rien que des suspicions. Avez-vous conscience de la date, Higgins ?

— Tout à fait.

— Nous avons enquêté sur chaque suspect, examiné chaque dossier, étudié chaque indice... en pure perte. Quelle conclusion puis-je fournir au grand patron ?

— Aucune, admit Higgins, et le temps joue contre nous.

— Nous ne pouvons quand même pas inventer un coupable ! Par bonheur, le duc semble hors de cause. Ne serait-il pas judicieux de pousser plus à fond certains interrogatoires ? Celui de Martha Sidgwell, par exemple...

— Les idées les plus évidentes ne sont pas forcément les meilleures, mon cher Marlow. Il faudrait savoir attendre une erreur.

— Attendre ! Mais nous sommes le 27 ! Il faut provoquer l'événement, obliger l'éventreur à se démasquer, à commettre une imprudence, que sais-je encore ?

Higgins était attristé par le désespoir du superintendant. Il n'y avait malheureusement pas de lueur dans les ténèbres.

Un planton vint prévenir le superintendant qu'une jeune femme blonde, vêtue d'une robe rouge un peu voyante, insistait depuis deux jours pour voir l'inspecteur Higgins. Ce dernier se rendit aussitôt auprès d'Annabella, au comble de l'excitation.

— Inspecteur, enfin!

Elle se jeta presque à son cou. Higgins l'entraîna précipitamment hors de l'immeuble du Yard. Ils marchèrent côte à côte, sous une pluie fine et froide.

— Je veux absolument me faire pardonner, dit Annabella avec flamme. Je vous ai menti, c'est vrai, et je le regrette. Je tentais de protéger une femme qui avait rendu des services à de pauvres filles. Ça n'excuse pas ma conduite, bien sûr... mais j'ai travaillé depuis notre dernière rencontre, beaucoup travaillé!

— Et vous avez l'intention de me communiquer le résultat de vos investigations.

— Exactement! Un résultat sensationnel! Mais nous sommes obligés de retourner à Whitechapel. Ça ne vous ennuie pas?

— J'irai là où le devoir m'appelle.

— Vous n'êtes vraiment pas ordinaire... Je la dis tout de suite, ma découverte?

— Ce serait un bonheur, mademoiselle.

Annabella marchait vite. L'ex-inspecteur-chef, handicapé par le virus grippal, héla un taxi. Il ne serait pas capable d'accomplir le trajet à pied.

— Je suis drôlement fière de monter dans un taxi avec vous, avoua Annabella très joyeuse. J'en oublierais presque ma trouvaille.

— N'en faites rien.

— Alors, voilà : avec mes amies, on a tenté de savoir chez qui allait l'avocat. Pour la majorité, l'étrangleur, c'est lui ! C'est pourquoi on a tenté d'en savoir plus. Depuis plus d'un an, il vient deux fois par mois à Whitechapel pour y rencontrer toujours la même femme. Elle gâche un peu le travail, celle-là ! Ce n'est pas vraiment une professionnelle. Elle l'a été, mais depuis cette liaison avec l'avocat, elle reste dans son coin. Curieux, non ?

— Vous connaissez donc son nom et son adresse ?

— Voilà ! Formidable, non ? Elle s'appelle Katia et elle habite dans le coin le plus chic de Whitechapel. Et nous y allons tout droit.

Ce coin chic, à dire vrai, ne différait guère des rues les plus tristes du quartier. Mais les propriétaires avaient songé à disposer quelques pots de fleurs anémiques sur le rebord de leurs fenêtres. De plus, deux façades avaient été nettoyées. La brique avait retrouvé une teinte rougeâtre. C'était dans la plus vaste des deux maisons qu'habitait Katia.

C'est une femme de taille moyenne, brune, au visage ingrat, qui ouvrit à Higgins. Annabella avait souhaité se tenir à l'écart. L'interrogatoire ne la concernait pas.

— Qu'est-ce que c'est ? demanda Katia, serrant les pans d'un peignoir bleu métallique.

— Scotland Yard.

— La police? Je suis innocente, moi!

— Nous serons plus tranquilles chez vous, suggéra l'ex-inspecteur-chef.

— Comme vous voudrez. Mais soyez bref. J'ai des courses à faire.

Les trois pièces de la maison étaient plutôt confortables. De la moquette, des meubles assez coûteux, quelques bibelots de valeur. Katia n'était pas économiquement faible.

— Mes félicitations, dit Higgins. Votre demeure est charmante.

— Ça me regarde. Qu'est-ce que vous cherchez?

Très raide, les bras croisés sur la poitrine, la maîtresse de maison semblait décidée à se montrer désagréable.

— Je crains, chère madame, que vous ne jouiez un rôle déterminant dans une affaire criminelle.

Katia pâlit.

— Moi, je ne vois pas...

— Je crois que si, rétorqua Higgins, considérant la brunette d'un œil sévère.

— Bon... asseyez-vous. C'est sûrement un malentendu. Autant le dissiper tout de suite.

Elle prit place sur le rebord d'un canapé, gardant la tête un peu baissée. Higgins resta debout.

— Vous connaissez Montague Fitword.

— Un peu, oui...

— Très bien, voulez-vous dire. Ses visites sont régulières et fréquentes.

— Si l'on veut... l'amitié ne se commande pas.

— M. Fitword est un avocat fortuné.

— Je... je l'ignorais.

— Ce serait étonnant, mademoiselle. Quel est l'objet de ses visites?

— L'amitié... je viens de vous le dire.

Les pleurs d'un bébé interrompirent le dialogue.

— J'ai le sentiment que vos relations amicales avec M. Fitword se sont traduites d'une manière fort concrète, estima Higgins. Garçon ou fille?

— Garçon.

— Votre fils, par conséquent.

— Le mien.

— Pas le sien?

Katia refusa de répondre.

— Ce mutisme est inutile, mademoiselle. Je pense que vous avez trahi la confiance de votre ami avocat. Consciente que vous lui plaisiez beaucoup, vous avez décidé de tomber enceinte. Quand vous lui avez révélé votre état, vous l'avez menacé de répandre la nouvelle dans son milieu et de ternir ainsi sa réputation. Il n'avait pas le choix. Pour éviter le scandale, il ne lui restait qu'à vous installer confortablement et à pourvoir aux besoins du nouveau-né. Ai-je oublié un détail?

Katia grommela une réponse indistincte.

— Qui a fixé la somme, en liquide, qu'il devait vous remettre à chaque visite?

— Moi, avoua la brunette. J'en avais assez d'être traitée comme une esclave. Maintenant, je le tiens. Et je ne suis pas prête à lâcher prise.

— Lui laissez-vous voir son fils?

— Il joue deux heures avec lui, tous les quinze jours. S'il désire plus, il payera plus.

— Vous a-t-il menacée, d'une manière ou d'une autre?

— Montague ? Il en est incapable ! C'est un mou, un faible... Il ne songe qu'à son honorabilité.

— Le 31 août et le 8 septembre, est-il venu vous voir ?

— Une seconde.

Katia consulta un calendrier. En face de certains jours, elle avait inscrit des croix.

— Oui, il est venu.

— Pourquoi a-t-il brisé son rythme habituel ?

— Par amour de son rejeton, a-t-il prétendu. Moi, je m'en moque... s'il y a des extra, il payera le double.

— Rien d'autre à déclarer, mademoiselle ?

Katia leva des yeux interrogateurs vers Higgins.

— Ben... non. Qu'est-ce qu'il y aurait d'autre ?

— Soyez heureuse.

*
**

Un nouveau mystère venait donc d'être élucidé. Comme Higgins l'expliqua à Scott Marlow, l'avocat Montague Fitword était victime d'un chantage. Une paternité qu'il considérait comme honteuse et inavouable le contraignait à entretenir une personne de mauvaise vie qui, malheureusement pour lui, était la mère d'un fils qu'il aimait.

— Cette situation intolérable a dû faire naître en lui une haine des prostituées, avança le superintendant. Il a voulu se venger sur les autres de ce que lui fait subir celle-là. Son changement d'emploi du temps est la faute qui le trahit. Je le convoque sur l'heure.

L'avocat se présenta au Yard le 27 en fin d'après-midi, au sortir de ses consultations.

Scott Marlow résuma les découvertes de Higgins. L'homme à la petite moustache et aux lunettes cerclées d'or ne manifesta aucune émotion.

— Je paye cette femme, en effet. Ce n'est pas un délit. Je dispose de mon argent comme je l'entends. Plus exactement, je paye un loyer et j'équipe un appartement. Cet enfant n'est pas le mien. Je ne l'ai pas reconnu. Ce que peut prétendre cette demoiselle ne m'intéresse pas.

— Ces explications sont invraisemblables, protesta le superintendant.

— C'est votre opinion. Moi, je m'y tiendrai et n'en varierai pas. Confrontez-moi avec cette personne, si vous le souhaitez.

— Inutile, estima Higgins. Vous pouvez rentrer chez vous.

L'avocat sortit du bureau sans saluer les hommes du Yard. Scott Marlow était atterré.

— Mais enfin, Higgins... pourquoi ne pas l'arrêter?

— Aucune preuve. Son système de défense est parfait. Il savait que nous découvririons la vérité un jour ou l'autre. Cet aspect de sa vie privée ne peut être relié de manière directe aux deux meurtres.

— Avouez quand même que mon idée...

— Intéressante, mon cher Marlow, très intéressante. Mais il nous manque l'essentiel.

La migraine obligea Higgins à quitter le Yard afin de prendre quelque repos. Il se mit au lit avec une bouillotte, luttant avec peine contre les frissons qui l'envahissaient.

*
**

C'est avec un réel héroïsme que, le 28 au matin, l'ex-inspecteur-chef parvint à s'arracher à des draps douillets. Les membres douloureux et rouillés, il s'habilla avec peine. Grâce à l'*Influenzinum* de chez *Nelson's* et à un triple café, Higgins réussit à mettre un pied devant l'autre. Un taxi l'emmena jusqu'au Yard. Malgré la grippe, l'ex-inspecteur-chef avait l'intuition qu'un événement important venait de se produire.

— Vous voilà, Higgins ! s'exclama Scott Marlow. Vous devriez quand même me donner au moins un téléphone, quand vous résidez à Londres... Oublions ça. On croirait que vous avez un don de double vue. Je viens juste d'apprendre une incroyable nouvelle. Je vous préviens, c'est une véritable bombe !

Déjà exténué, Higgins s'assit.

— Espérons que ses éclats ne nous atteindrons pas. Un suspect a-t-il avoué ?

— Peut-être, d'une certaine manière... le chirurgien, sir William Jameson, vient d'être interné dans une clinique psychiatrique de Highgate. C'est son épouse qui m'en a informé. Elle voulait vous parler, mais n'a pas hésité à tout me raconter. La pauvre femme est complètement effondrée. Son mari est rentré chez lui dans un état d'exaltation extrême. Il a cassé des vases, renversé des meubles en criant « Montague, pardonne-moi ! ». Son épouse a pris peur. Elle a appelé un médecin qui lui a administré un calmant. Ses effets ont été si peu durables que le praticien a perdu pied. Il a demandé un internement. Dans un moment de lucidité, sir William a donné son accord. Puis, avant l'arrivée de l'ambulance, une fureur destructrice l'a repris.

— Véritable folie ou comédie préparée depuis longtemps ?

— Allons à la clinique, proposa Marlow.

Le psychiatre avait placé son illustre collègue en observation. D'abord du sommeil, beaucoup de repos, quelques médicaments de première urgence, puis des analyses. Impossible de se prononcer sur la gravité du cas avant plusieurs jours. D'après un premier examen, il n'y avait aucune simulation. Le chirurgien était bien victime d'un accès de démence qui imposait son isolement.

— Ça ne l'innocente pas pour autant, jugea le superintendant.

— Exact, mon cher Marlow. Si l'on considère que l'assassin a fait preuve de folie, c'est même une circonstance aggravante pour sir William Jameson.

— J'ose à peine le dire, Higgins, mais nous sommes le 28... Si le chirurgien est coupable, il vaut mieux qu'il soit interné. Il ne reste qu'une journée, avant le 30 septembre.

— Rien de plus désespérant, en effet.

— Que préconisez-vous ?

Scott Marlow espérait vaguement que son collègue eût une idée de dernière minute. Mais l'ex-inspecteur-chef, sombre, ne disposait d'aucun tour de passe-passe pour identifier le nouvel éventreur.

— Il est trop tard pour prendre le moindre risque, mon cher Marlow, il faut mettre immédiatement tous les suspects sous surveillance. Que pas un seul n'échappe à la vigilance du Yard. C'est la seule manière d'éviter un crime le 30. Ainsi, nous mettrons l'éventreur en porte à faux avec lui-même et nous disposerons d'un délai supplémentaire pour l'identifier.

— Même le duc.

— Même le duc, confirma Higgins. Assurez-vous que les suspects se trouvent bien à leur domicile. Que vos hommes ne les perdent pas de vue.

D'un certain côté cette technique policière classique rassurait le superintendant. De l'autre, elle prouvait que le nouvel éventreur demeurait insaisissable.

— Que comptez-vous faire jusqu'au 30, Higgins ?

— Garder la chambre, mon cher Marlow. Ah... n'oubliez pas une précaution importante : dans cette démarche, soyez couvert par le grand patron du Yard. On ne sait jamais.

CHAPITRE XX

Le mois de septembre s'achevait comme il avait commencé. Des nappes de brouillard avaient envahi la capitale britannique, rendant la circulation très difficile. Comme d'ordinaire, les autorités médicales demandèrent à la population de rester chez elle afin d'éviter des affections pulmonaires.

Whitechapel était quadrillé par d'abondantes forces de police dont la présence rassurait les habitants du quartier. Ceux-ci, néanmoins, s'étaient barricadés dans leurs modestes demeures, attendant que cette journée fatidique se fût écoulée, écartant le spectre de Jack l'Éventreur.

Les dames de petite vertu regrettaient ces heures perdues. N'étant pas employées de l'Etat, elles ne pouvaient compter que sur elles-mêmes pour assurer leur subsistance. C'était notamment le cas de deux amies, Emily et Anna, qui habitaient ensemble dans une petite maison à un étage.

Quand on frappa à la porte, au milieu de l'après-midi, Emily regarda par l'œil.

— Ah, c'est toi... qu'est-ce que tu veux?

— Si on pouvait se voir un petit moment... comme vous êtes inoccupées, aujourd'hui, j'ai pensé...

Emily hésita.

— Après tout, pourquoi pas... ça nous distraira.

La jeune femme ouvrit la porte.

— Ton amie Anna est là ?

— Bien sûr. Elle dort au premier. Ils nous ennuient avec leur histoire d'éventreur. Tout ça, c'est une invention pour nous empêcher de travailler. Assieds-toi. Je vais faire du thé.

Emily n'atteignit jamais la cuisine. Deux mains puissantes se refermèrent sur son cou. Quand elle fut morte, l'assassin la regarda avec dégoût. Il n'était pas venu pour elle mais pour son amie. Il se contenta donc de la mutiler sommairement, par simple hargne.

Puis il monta lentement l'escalier qui menait au premier étage. Puisque la police était dehors, il avait tout son temps. Ensuite, il repartirait par les toits. Une fois encore, le brouillard serait son allié.

L'assassin ouvrit la porte de la chambre. Anna se réveilla. Le reconnaissant, elle lui sourit.

***

Quand la lettre signée Jack l'Éventreur lui fut remise, Scott pressentit une catastrophe. Le texte était bref : *Encore un message de l'enfer. Attrape-moi si tu peux.*

Higgins n'apporta aucun réconfort à son collègue, qu'il avait rarement vu aussi inquiet. Pourtant, les forces de police n'avaient interpellé aucun suspect. Aucun cadavre dans les rues de Whitechapel, demeuré quartier mort toute la journée du 30.

Le double meurtre ne fut découvert que le lendemain matin. La bouteille de lait déposée devant la maison d'Emily et d'Anna n'avait pas été ramassée. Lorsqu'un policier, alerté par les voisins, pénétra dans la demeure, il découvrit le cadavre d'Emily. L'horrible spectacle lui souleva le cœur. Mais quand il monta au premier étage, il tourna de l'œil. Aucun être humain doté d'un minimum de sensibilité n'aurait pu supporter la vision d'un tel carnage.

*
**

— C'est atroce, Higgins, inimaginable... Cet assassin est le pire des monstres. Je n'ose pas vous montrer les photographies. Les victimes ont été... découpées en morceaux. Comment peut-on ?

Le superintendant était au bord de la dépression. Higgins lui versa un second verre du mauvais whisky qu'il cachait dans son bureau et qu'il avait sorti d'un tiroir, au mépris des convenances.

— Comment réagit le grand patron du Yard ?

— Grâce aux précautions que vous m'avez recommandé de prendre, il ne peut me charger. Il est aussi responsable que moi. Nous sommes obligés de nous serrer les coudes. Merci d'avoir sauvé ma carrière, Higgins.

L'intrusion d'un planton interrompit la conversation des deux hommes.

— Des rapports très urgents, superintendant... de la part des hommes chargés de la surveillance.

Après quelques minutes de lecture, Scott Marlow se servit lui-même un troisième whisky.

— C'est épouvantable, Higgins. Par saint Georges, qu'est devenu le Yard?

Le superintendant frappa du poing sur la table.

— D'autres mauvaises nouvelles? interrogea Higgins.

— A peine croyable... D'après ces rapports, trois des suspects qui étaient surveillés par la police ont quitté leur domicile le 30 septembre! C'est un scandale, Higgins, un insupportable scandale!

— Certes, mais un scandale qui pourrait nous livrer le nom de l'assassin. Reprenons chacun de ces rapports et vérifions les faits. Il y a au moins un personnage hors de cause : sir William Jameson.

— Même pas, précisa Marlow. La clinique a envoyé un message : le chirurgien s'est échappé.

***

Higgins et Marlow se rendirent sur-le-champ à la clinique psychiatrique de Highgate. L'un et l'autre étaient d'une humeur massacrante. Le nouveau Jack l'Éventreur, respectant le calendrier morbide de son sinistre modèle, venait d'assassiner et de mutiler quatre femmes au nez et à la barbe du Yard. Le prochain rendez-vous était fixé au 9 novembre. Le prochain et le dernier car, après son cinquième meurtre, Jack l'Éventreur s'était évanoui dans les brumes de Whitechapel.

A la clinique de Highgate, les psychiatres et le personnel soignant étaient sens dessus dessous. Ils n'avaient plus leur tête à eux, tant l'événement les perturbait. C'était la première fois qu'un malade s'enfuyait d'un établissement dont la réputation était excellente.

Higgins remonta le moral du chef de clinique qui, malgré une dose élevée de calmants, paraissait nerveux.

— Nous avons fouillé la clinique... pas trace de sir William ! Pourquoi s'est-il comporté ainsi ? Disparaître de ma clinique... quelle folie !

— Quand avez-vous constaté son absence ?

— Le 30 au matin.

Pour Scott Marlow, la culpabilité du chirurgien ne faisait plus le moindre doute. Les meurtres qu'il avait commis avaient ébranlé le peu de raison qui lui restait. Sa fréquentation des femmes légères avait abouti à un désastre familial dont il ne s'était jamais remis. Il s'était érigé en vengeur impitoyable, s'acharnant à mutiler celles qui l'avaient empêché de devenir père. Des bas pour les étrangler, des scalpels pour les tuer, les connaissances anatomiques nécessaires pour les mutiler... un mobile décisif et des indices convergents. Que fallait-il de plus ? L'ex-inspecteur-chef partageait ses pensées. Annabella n'avait-elle pas révélé que le chirurgien, violent et emporté, avait frappé une prostituée avant de simuler un retour à une meilleure conduite ?

— Sir William Jameson a-t-il laissé un message ?

— Rien... mais il s'est habillé avec ses propres vêtements, que nous avions rangés dans l'armoire de sa chambre.

— Avez-vous exploré le parc ?

— Non... nous sommes tellement choqués.

— Commençons par là, proposa Higgins.

Une dizaine de policiers entamèrent les

recherches. Ce fut Scott Marlow qui découvrit le corps du suspect. Sir William était étendu sur le dos, sous les branches basses d'un arbre, le visage marqué de plusieurs petites blessures.

Le chirurgien respirait.

Le superintendant le secoua aussi respectueusement que possible.

— Où suis-je ? demanda le chirurgien, ouvrant des yeux égarés.

— Dans le parc de la clinique, répondit Higgins, qui venait d'arriver sur place.

Sir William se redressa.

— Ah oui, je me souviens... Je me sens beaucoup mieux. Je crois même que je suis guéri.

— Etes-vous venu seul ici ?

— Oui, bien sûr... je me souviens parfaitement. J'ai traversé une mauvaise passe, c'est vrai... J'ai eu besoin d'air, j'ai couru droit devant moi, comme aveugle. Des branchages m'ont griffé le visage. J'ai heurté quelque chose et je me suis évanoui.

— Ne seriez-vous pas allé à Whitechapel ? interrogea le superintendant.

— Moi ? Mais pourquoi donc ?

Sir William Jameson se leva et ôta la terre qui maculait ses vêtements.

— Je désire rentrer immédiatement chez moi. Ma femme doit s'inquiéter.

***

Le superintendant était persuadé que les blessures dont souffrait le chirurgien lui avaient été infligées par les deux malheureuses victimes assassinées à Whitechapel. « Trop superficielles », avait jugé Higgins. Le chirurgien avait regagné son domicile dans une voiture banalisée. Plusieurs policiers, dûment sermonnés par le superintendant, furent chargés d'une surveillance permanente.

Les deux hommes se rendirent de Highgate à l'atelier du peintre où Walter Milford avait été interpellé, au moment où il rentrait chez lui, par les policiers en faction, vexés et furieux de s'être laissé berner. Ils précisèrent à Marlow et à Higgins que l'artiste, passablement éméché, avait regagné son domicile au petit matin.

— Quand êtes-vous sorti de votre atelier et comment avez-vous procédé pour échapper à notre surveillance? demanda Marlow, sévère.

Le peintre roux, au visage parsemé de taches de son, fut stupéfait par la question.

— Votre surveillance? Je ne m'en suis même pas aperçu... Je ne voulais échapper à personne... comme chaque jour, je suis passé par l'arrière-cour. C'est plus rapide. Et je rentre toujours par la porte qui donne sur la rue.

— La date et l'heure?

— Voyons... j'ai quitté mon atelier hier matin, je suis allé déjeuner d'un sandwich dans les docks et j'ai peint un clochard dans le brouillard. Vous voulez voir?

— Bien sûr, répondit Higgins.

La toile n'était encore qu'une simple esquisse, dessinée à grands traits.

— Ce n'est pas bon, avoua le peintre.

— Où avez-vous passé la nuit du 30 septembre

au 1er octobre et pourquoi rentrer chez vous à l'aube ?

— Une vieille habitude. Qu'il pleuve ou qu'il vente, j'aime marcher et boire de la bière. J'ai besoin de peu de sommeil et je préfère dormir l'après-midi.

— Seriez-vous allé à Whitechapel ? demanda le superintendant, incisif.

— Hélas, non. Je comptais bien m'y rendre mais, avec ce brouillard, je n'avais aucune chance de croiser mes modèles habituels.

Higgins erra quelques minutes dans l'atelier. Marlow sermonna l'artiste. Puis les deux hommes partirent pour Whitechapel afin d'interroger le troisième suspect qui était passé au travers des mailles du filet tendu par Scotland Yard.

*
**

Martha Sidgwell était assise sur une chaise paillée, les mains posées à plat sur sa robe brune. Selon ses déclarations, elle avait quitté son domicile, en utilisant une porte apparemment condamnée, le 30 dans la matinée, pour y revenir le 1er octobre dans la matinée. Elle avait une intervention urgente à accomplir. Qui l'avait prévenue ? Un gamin qui avait glissé un billet sous la porte.

— Avez-vous conservé ce document ? demanda Higgins.

— Bien sûr que non. Il faudrait être folle.

— Qu'y avait-il d'écrit ?

— Pas un poème. Un nom et une adresse. Je n'allais quand même pas laisser dans la détresse une pauvre fille qui ne voulait pas avoir d'enfant. Avec un rejeton, c'était encore plus de misère.

— Avez-vous sciemment échappé à la police? interrogea Scott Marlow.

— J'avais bien repéré vos guetteurs. Ils n'étaient pas très discrets. J'ai pris l'habitude de circuler dans Whitechapel sans être repérée.

— Comment s'appelle votre cliente?

— Martha. C'est une gosse de dix-huit ans. Allez la voir et interrogez-la. Elle ne vous dira rien, sinon qu'elle a fait une fausse couche, par accident. Il y a une loi, dans ce quartier.

— Je vous en prie, madame Sidgwell! s'exclama Scott Marlow, scandalisé.

— A cause de cette loi, remarqua Higgins, vous ne possédez donc aucun alibi.

— Un alibi, pourquoi? s'étonna l'avorteuse.

Le Yard avait instamment prié les journaux de différer autant que possible la nouvelle du double meurtre. Mais la rumeur avait déjà circulé.

— Vous n'êtes donc au courant de rien?

— Pour se renseigner, il faudrait sortir. Vos gardes-chiourme me retiennent ici comme si j'étais une criminelle.

C'était bien l'impression ressentie par Scott Marlow. Celle qu'on surnommait « le vautour » devenait de plus en plus suspecte à ses yeux. Il n'eut pourtant pas le temps de la presser davantage dans ses retranchements, car on lui porta quatre messages qui le menèrent au bord de l'apoplexie.

Le rabbin Eliphas venait d'être découvert dans une église anglicane de Commercial Street, terré sous une chaise. Le prêtre, devant son refus de sortir de sa cachette, avait dû faire appel à la police.

Sergueï Sitachenko venait d'être arrêté en plein cœur de Whitechapel où il tentait de défoncer, à coups de poings, la porte d'une dame de petite vertu qui refusait de le recevoir. Alertés par ses cris, les voisins avaient appelé la police.

Le maître d'hôtel de lord Kiber Rennick, fort inquiet, avait appelé le Yard pour signaler la disparition du duc, lequel avait quitté son hôtel particulier le 30 septembre au matin et n'était pas revenu pour le grand dîner qu'il devait présider. Un avis de recherche avait été lancé.

Quant à Montague Fitword, selon la constatation de sa secrétaire, il avait tout simplement disparu.

CHAPITRE XXI

— Rassurez-vous, rabbi, dit Higgins avec douceur. Vous n'êtes plus en danger.

Le rabbin était quasiment coincé sous la chaise.

— On me veut du mal, déclara-t-il d'une voix tremblante. Devant ma boucherie, je les ai bien vus ! Deux hommes avec des imperméables et des sales têtes... Ils venaient pour m'arrêter, ou pis encore !

— Vous vous êtes mépris, assura Higgins. Ils étaient là afin de vous protéger. On vous a beaucoup calomnié, ces derniers temps.

— Me protéger ? Vous êtes sûr ?

Higgins hocha la tête affirmativement.

— On me persécute ! cria le religieux. On m'accuse de meurtre ! Je suis un brave homme et je suis le chemin de Dieu !

— Nul n'en doute. Depuis quand êtes-vous caché ici ?

— Je ne sais plus... Dès que j'ai vu ces deux hommes en imperméable, je me suis enfui, j'ai couru aussi loin que mes forces me le permettaient et je me suis réfugié dans le premier bâtiment venu.

— N'auriez-vous pas fait un petit détour par Whitechapel ?

L'excitation du rabbin s'apaisa.

— Whitechapel... non, mais j'aurais dû y penser... vous avez raison. Là-bas, on m'aurait bien accueilli.

— Si vous sortez de là-dessous, j'aurai un cadeau à vous offrir.

— C'est vrai ? Lequel ?

— Accordez-moi le privilège de la surprise. Tendez-moi la main. Je vais vous aider.

La surprise annoncée par Higgins paraissait au superintendant des plus incongrues. Il n'avait accepté la proposition de son collègue qu'avec la plus extrême réticence. Mais l'ex-inspecteur-chef avait décidé de prendre tous les risques afin de découvrir la vérité.

Au prix de quelques contorsions, le rabbin Eliphas se retrouva debout, quoique légèrement voûté. Ce qu'il vit dans la main de Higgins le rendit heureux.

— Mon couteau... vous m'avez rapporté mon couteau ?

— C'est bien lui, approuva l'ex-inspecteur-chef. Si je vous le rends, à quel usage le destinerez-vous ?

— Mais... à égorger les bêtes pour le sacrifice !

— Le Talmud ne donne-t-il pas d'autres prescriptions ? Ne demande-t-il pas de mettre à mort les prostituées ?

— Rendez-moi mon couteau, implora le rabbin. Avec lui, je me sentirai moins menacé.

Higgins se fit sévère.

— Je vous interdis bien de vous en servir ailleurs que dans votre boucherie.

Le rabbin baissa la tête, comme un gamin pris en faute.

— C'est juré, inspecteur. Juré sur le Talmud.

Le rabbin embrassa son couteau et le remit dans le fourreau qui n'avait pas quitté sa ceinture.

— Regagnez votre lieu de travail, recommanda Higgins. Et ne vous enfuyez plus. Sachez que vous serez mieux surveillé encore... pour votre bien.

*
**

L'ex-inspecteur-chef et le superintendant interrogèrent Sergueï Sitachenko au commissariat de Whitechapel. L'émigré pleurait à chaudes larmes, appelant sa mère, Lizbeth, la Sainte Russie, en mêlant ses plaintes à des mots incompréhensibles. Les policiers, redoutant une crise d'hystérie, lui avaient passé les menottes et attaché un pied à un radiateur mural.

— Reprenez-vous, exigea Higgins, très ferme. Sinon, nous serons contraints de vous faire une piqûre.

— Jamais ! protesta le gros homme. Qu'on ne me touche pas !

— Pourquoi tentiez-vous de forcer la porte de cette dame ?

Sergueï Sitachenko se calma.

— J'avais le cafard. Je me sentais seul, si seul... j'avais besoin de voir quelqu'un, n'importe qui. Une fille gentille qui m'aurait consolé.

— Quand êtes-vous sorti de chez vous ?

— Hier, dans l'après-midi.

Scott Marlow sursauta.

— En trompant la surveillance de mes hommes ?

— Ce n'était pas trop difficile, confessa l'émigré. Ils dormaient.

Le superintendant imaginait déjà les sanctions.

— Vous avez donc passé la nuit dehors, suggéra Higgins.

— Ça m'arrive souvent. Par bonheur, j'avais emporté une bouteille de porto. Qualité moyenne, mais ça réchauffe le sang.

— Avez-vous croisé quelqu'un ?

— Personne. C'est bien mon drame... j'étais de plus en plus seul. Alors, ce matin, j'ai frappé à la première porte venue.

Sergueï Sitachenko, oubliant qu'il était attaché, tenta de se lever. Déséquilibré, il tomba à la renverse. Scott Marlow l'aida à se rasseoir.

— Ce n'est pas un crime, se plaignit-il. J'ai mal agi, je le reconnais... Mais je ne recommencerai plus.

Higgins consulta un rapport dont il recopia l'essentiel sur son carnet noir.

— D'après la personne que vous avez importunée, vous avez répété à plusieurs reprises : « Ouvre-moi, maman, je suis ton fils. » Est-ce bien exact ?

— Je ne sais plus... Mais je ne lui voulais pas de mal. Je rembourserai les dégâts.

— Qu'on lui fasse signer une déclaration, ordonna Higgins, et qu'on le relâche.

***

A peine le superintendant et l'ex-inspecteur-chef arrivèrent-ils au Yard, après avoir organisé une surveillance rapprochée de Sergueï Sitachenko, que l'information leur fut transmise : on venait de retrouver lord Kiber Rennick. Le détail du message plongea Scott Marlow dans le plus complet désarroi. Le duc avait été interpellé par une patrouille circulant dans la partie la plus sinistre des docks. Les policiers avaient été bien incapables de reconnaître un grand aristocrate dans la personne de ce plébéien aux vêtements déchirés et au visage marqué de nombreux coups. Lorsqu'il avait décliné avec hargne son identité, ils avaient préféré ne pas prendre de risques et faire appel aux autorités compétentes.

Quand Higgins et Marlow arrivèrent sur place, ils virent aussitôt le duc assis, la tête dans les mains, sur une bitte d'amarrage. A deux mètres de lui, l'eau glauque. L'ex-inspecteur-chef s'approcha de l'aristocrate qui, de fait, était dans un triste état.

— Que s'est-il passé, lord Kiber?

— C'est mon affaire.

— Je ne crois pas. Vous m'aviez promis de demeurer à votre domicile que vous saviez surveillé par le Yard. J'espérais que la parole d'un duc ne souffrît pas d'exception.

Le regard de chien battu devint plus triste encore.

— Entendu, inspecteur... je vous dois la vérité. Ce monde m'ennuie. Un dîner de plus... voilà des années que j'ai des relations, dans ce secteur. J'ai toujours aimé les jeux de hasard, le poker surtout. Quand l'envie me prend, je m'habille à la diable et je viens passer la nuit avec quelques tricheurs qui me volent un peu d'argent. A force d'observations, j'ai réussi à démonter leurs astuces. Hier soir, c'est moi qui ai triché. Beaucoup mieux qu'eux. J'ai emporté la plus grosse mise. Ils n'ont pas apprécié. Ils m'ont tapé dessus. Je me suis évanoui. C'est une patrouille qui m'a retrouvé. J'aimerais que ces... escapades demeurent secrètes. Inutile d'écrire un rapport qui pourrait être mal utilisé.

Malgré son respect des valeurs établies, Scott Marlow sentit la colère monter en lui. Un noble dégénéré ne méritait pas mieux que le pilori.

— Ne vous seriez-vous pas plutôt battu avec des femmes que vous aviez l'intention de brutaliser? demanda-t-il avec une audace qui l'étonna lui-même.

Le duc sourit, malgré une blessure à la lèvre inférieure.

— Me prendriez-vous pour Jack l'Éventreur?

— C'est malheureusement une hypothèse que je ne peux plus exclure.

— C'est trop d'honneur, ironisa lord Kiber. Mon aventure est des plus faciles à vérifier. Les deux compères qui m'ont agressés ne doivent pas être loin. L'un d'eux est boiteux, l'autre couvert de tatouages. Ils ne se quittent jamais.

Tandis que le duc était raccompagné chez lui sous bonne escorte, Higgins et Marlow vérifièrent son alibi. Une heure leur suffit pour mettre la main sur le couple de tricheurs professionnels. Ils nièrent avoir joué au poker la nuit précédente. Ils s'étaient contentés de boire et de dormir.

— Ainsi, constata Scott Marlow avec amertume, le duc nous a menti.

— Ce n'est pas certain.

— Mais ce témoignage...

— Qui peut croire ces deux crapules ? Elles sont trop contentes de mettre dans l'embarras quelqu'un qui n'appartient pas à leur caste. Devant un jury, que vaudra leur parole contre celle du duc ? L'accuser de meurtre à partir d'une telle base ridiculiserait le Yard.

— Et s'il nous a bien menti ?

— En ce cas, il devient notre premier suspect. Reste à récupérer Montague Fitword.

***

Ce fut un journaliste de la B.B.C. qui, au milieu de l'après-midi du 1er octobre, annonça l'horrible nouvelle. Jack l'Éventreur avait frappé deux fois, à Whitechapel, le 30 septembre. L'information se diffusa comme une traînée de poudre. Les journaux préparèrent des éditions spéciales pour le soir même. Une meute de journalistes se répandit dans Whitechapel, en quête du plus infime détail.

La population londonienne réagit avec une vigueur inattendue. Des milliers de personnes se rassemblèrent devant l'immeuble de Scotland Yard, brandissant des pancartes où l'on pouvait lire : « Que fait la police ? », « Jack l'Éventreur est de retour », « Nous ne sommes plus protégés », « Donnez-nous des fusils » et d'autres slogans du même ordre. Un barrage de policiers, dûment malmenés, dut empêcher un cortège vociférant de se rendre sur le lieu du double meurtre. Un grand patron du Yard fit une déclaration solennelle dans laquelle il s'engageait à arrêter prochainement l'assassin. Il exhortait la population à garder son calme et à ne pas succomber à la panique.

Le bilan de la journée n'avait rien de glorieux : vingt blessés parmi les forces de l'ordre, une cinquantaine chez les manifestants et une campagne de presse où s'affirmait une franche xénophobie. Ce ne pouvait pas être un Anglais qui avait commis ces quatre meurtres monstrueux. On jeta l'opprobre sur les Américains, les juifs et les Français. L'opinion publique réclamait vérité et vengeance.

Afin d'apaiser un peu la tourmente, le Yard affirma aussitôt dans Whitechapel la plus imposante des présences policières : des dizaines de voitures banalisées, des hommes à pied dans chaque rue et dans chaque ruelle, des patrouilles à cheval, des guetteurs sur les toits.

Chacun connaissait la date fatidique : le 9 novembre. Mais beaucoup étaient persuadés que le nouveau Jack l'Éventreur, constatant ce déploiement de forces, ne frapperait qu'en toute sécurité, sans doute dans un autre quartier. Il était un peu plus de 20 heures quand Marlow reçut un appel téléphonique de Martha Sidgwell, qui prétendait avoir des révélations à faire. Higgins, résistant vaillamment à la grippe, accompagna son collègue au domicile de l'avorteuse. Dans Whitechapel, les deux policiers subirent plusieurs contrôles. Cette fois, la population était protégée avec efficacité.

— J'ai un peu honte, déclara Martha Sidgwell, mais il y a des choses que je ne peux plus garder pour moi. Sinon, ça va me retomber sur la tête.

— Savez-vous qui est l'assassin? demanda le superintendant impatient.

— Je n'ai pas dit ça... mais je connais un type pas très net qui rôde dans le coin.

— Comment s'appelle-t-il?

— Montague Fitword. Aujourd'hui, c'est un monsieur respectable. Un avocat cousu d'or qui ne fréquente que des gens chics. Ça n'a pas toujours été le cas.

— Que s'est-il donc passé? demanda Higgins.

Celle qu'on surnommait « le vautour » croisa ses doigts épais. A chaque fois que Marlow les observait, il éprouvait une sensation de malaise.

— Ce Montague n'a pas toujours été avocat, précisa Martha Sidgwell. Auparavant, il pratiquait la médecine. Et même une médecine qui n'était pas très éloignée de la mienne. Dans nos métiers, tout se sait... Il a arrêté quand son cabinet a commencé à bien tourner. Mais il avait omis un détail. L'une de ses anciennes clientes était enceinte de ses œuvres. Curieuse justice, non?

— L'enfant est né?

— Un garçon.

— Où habite cette femme?

— Ici même, à Whitechapel. Elle s'appelle Katia et elle le fait chanter depuis plus d'un an. De très belles sommes. Un cas unique, dans le quartier. Ça pourrait expliquer bien des choses...

— Regrettable, constata Higgins.

Une lueur d'inquiétude traversa les yeux inertes de l'avorteuse.

— Regrettable ? Qu'est-ce que vous voulez dire ?

— Vous nous communiquez des informations que nous possédons déjà. C'est un manque déplorable d'à-propos.

***

Scott Marlow se sentait perdu dans un labyrinthe d'où il ne sortirait plus. Chacun des suspects, à tour de rôle, lui paraissait coupable de manière évidente. Mais rien de tangible, de solide... et la certitude d'un instant devenait illusion vite dissipée.

L'attitude de Higgins ne portait pas à l'optimisme. D'ordinaire, il gardait nombre de ses conclusions pour lui. Mais, cette fois, il semblait aussi perdu que le superintendant.

Quand le téléphone sonna, Scott Marlow décrocha le combiné d'une main lasse. Mais, au fur et à mesure de l'entretien avec son correspondant, son visage s'éclaira. Quand il raccrocha, il était radieux.

— Cette fois, annonça-t-il, nous tenons l'assassin !

CHAPITRE XXII

Il est rare, dans la carrière d'un policier, de bénéficier d'un flagrant délit. Dans une affaire comme celle-là, c'était tout à fait inespéré. Pourtant, l'événement ressortissait bien à cette catégorie.

A 21 heures, un policier à cheval avait entendu des cris provenant de la maison où habitait Katia. Alertant deux de ses collègues, il avait d'abord sonné. Les hurlements s'amplifiant, il avait enfoncé la porte. La scène qu'avaient découverte les représentants de l'ordre ne prêtait pas à controverse.

Ligotée sur un divan, Katia avait réussi à se débarrasser de son bâillon et clamait sa peur et ses appels au secours à pleins poumons. A un mètre d'elle, en bras de chemise, l'avocat Montague Fitword. Il se laissa appréhender sans résistance. Dans une autre pièce, un bébé dans un berceau. Il dormait profondément. L'avocat reconnut qu'il lui avait administré un léger sédatif et qu'il se réveillerait dans quelques heures.

De la bouche de Katia sortit un torrent d'accusations à l'encontre de Montague Fitword. Ne l'avait-il pas frappée des heures durant, menaçant de l'éventrer avec un couteau de cuisine ?

— C'est faux, répliqua calmement le suspect.

— Quelle est votre version des faits ? demanda Higgins.

— Cette femme exerce sur moi un chantage odieux depuis plusieurs mois. Je ne le supporte plus. J'ai décidé de lui faire peur afin qu'elle y renonce. Depuis ce matin, je tente de la persuader. En pure perte.

— Etrange manière de discuter, observa le superintendant.

— Si je ne l'avais pas attachée, précisa Montague Fitword, elle m'aurait arraché les yeux. C'est une tigresse sans foi ni loi.

Par bonheur, Katia avait été emmenée dans la cuisine pour y rédiger une déposition explosive.

— Vous vous êtes mis dans un bien mauvais cas, estima Scott Marlow.

— Ça dure depuis mon enfance, déplora l'avocat. Mon existence sentimentale n'est qu'une suite d'échecs. Et aujourd'hui, cette traînée menace de ruiner ma réputation. Je ne l'ai même pas frappée. Vous pouvez vérifier. Je me demande où j'ai trouvé le courage pour l'attacher. C'est moi qui lui ai ôté son bâillon. De la sorte, j'étais sûr qu'elle appellerait la police et que je serais protégé.

Ce n'était pas le discours auquel s'attendait le superintendant. Higgins écoutait le suspect, attentif.

— Je suis prêt à assurer moi-même ma défense, poursuivit Montague Fitword. Je payerai la caution pour demeurer en liberté. Il y a trop d'affaires qui m'attendent… un certain nombre d'honnêtes gens ont besoin de moi.

Scott Marlow était abasourdi. Ce n'était pas vraiment ainsi qu'il imaginait Jack l'Éventreur. Pourtant, les faits…

— Pouvez-vous jurer que vous n'aviez pas l'intention d'assassiner cette femme ? demanda Higgins avec gravité.

— Oui, inspecteur. Mais j'ignore si ma parole possède une quelconque valeur à vos yeux.

Higgins abandonna le suspect à son collègue. La tension était telle que la nouvelle de l'arrestation de Jack l'Éventreur attira des centaines de badauds devant la maison de Katia. Quand Montague Fitword en sortit, encadré par plusieurs policiers, le légendaire flegme britannique céda la place à un déferlement de haine. « Qu'on le pende ! », exigea une foule regrettant qu'on ne lui abandonnât pas une proie légitime.

*
**

Les événements se déroulèrent exactement comme l'avait prévu Montague Fitword. Après une courte période d'interrogatoire dans les bureaux du Yard, où il répéta inlassablement sa version des faits et où il apparut que la déposition de Katia relevait davantage de l'imaginaire que du réel, l'avocat fut effectivement libéré sous caution.

Mais le petit homme aux lunettes cerclées d'or ne

quitta plus la une de l'actualité. Pour les échotiers de tout poil, relayés par des analystes sérieux, il était Jack l'Éventreur. Chaque jour, sa photographie était jetée en pâture à l'opinion, accompagnée de commentaires insidieux et d'accusations non déguisées. Au début, Montague Fitword porta plainte pour diffamation, puis submergé par le flot montant, il renonça à lutter. Ses meilleurs clients désertèrent son cabinet qui, au milieu du mois d'octobre, n'était plus qu'une coquille vide. L'avocat s'enferma chez lui, surveillé par des policiers chargés d'assurer sa sécurité pendant que l'instructeur suivait un cours bien malaisé et hésitant. Le flagrant délit s'était transformé en une scène aussi bouffonne que déplorable. Mais Montague Fitword n'était-il pas le plus habile des simulateurs? Ne s'était-il pas fait arrêter pour une affaire sans importance afin de passer pour une victime? Jeté en pâture à la presse et à l'opinion avide de coupables, il apparaissait à présent comme un être persécuté, presque comme une victime.

Un assassin de grande envergure n'aurait pas agi autrement.

*
**

Annabella n'avait pas l'habitude de fréquenter Regent Street et encore moins l'un des restaurants les plus huppées de la capitale, *The Hunting Lodge*, où, dans une pénombre due à l'éclairage au gaz, des convives de la bonne société s'entassaient sur des banquettes de cuir noir, au-dessous de boiseries sculptées en style académique.

S'adressant au maître d'hôtel, la jolie blonde, qui avait revêtu sa robe rouge la moins voyante et la moins décolletée, demanda l'inspecteur Higgins.

— Monsieur vous attend.

Higgins se leva pour accueillir son invitée, qui prit place sous deux vieux fusils entrecroisés et accrochés à un mur recouvert d'une tenture rouge.

— C'est drôlement chic, apprécia Annabella.

— L'endroit pourrait être plus élégant, estima Higgins, mais on y mange un délicieux râble de lièvre aux cerises et un *fish pie* que je vous conseille de choisir en entrée. C'est un des meilleurs pâtés aux cinq poissons de la capitale.

— La bière est bonne?

— Supportable, répondit Higgins qui aurait préféré un vin rouge français.

Par obligation, il s'aligna sur le choix de la jeune femme, émerveillée et gourmande.

— On est enfin tranquille, déclara-t-elle au milieu de son pâté. Cette ordure d'avocat ne tuera plus personne. Vous le pendez quand?

— Ce serait un peu prématuré, jugea l'ex-inspecteur-chef. Sa culpabilité n'est pas encore clairement établie. A propos de cette affaire, je crains de devoir être un peu désagréable avec vous.

Surprise, Annabella garda sa fourchette en l'air.

— Avec moi? J'ai fait une bêtise?

— Il y a des choses étranges, indiqua Higgins à mi-voix. Vous m'avez menti à propos de Martha Sidgwell.

— Je croyais que vous m'aviez pardonné.

— Bien sûr, mais...

— Vous ne m'avez pas pardonné ! s'insurgea la jolie blonde.

— Qu'est-ce qu'il y a encore ?

— Comme l'a remarqué Scott Marlow, tous les suspects étaient placés sous surveillance policière... sauf vous.

— Parce que je serais suspecte ?

— C'est vous, également, qui m'avez révélé l'existence de Katia.

La colère empourpra Annabella.

— Ça, c'est incroyable ! Vous voulez aider la police et voilà comment on vous traite ! Puisque c'est comme ça, vous mangerez votre lièvre tout seul !

Bousculant un amateur de haddock, la jolie blonde sortit du restaurant en courant.

Higgins était à la fois désolé et content. Il avait été obligé de pousser Annabella dans ses ultimes retranchements, Scott Marlow ayant émis quelques soupçons à l'encontre de la dame de Whitechapel. L'ex-inspecteur-chef ne les considérait pas comme fondés mais sa conscience professionnelle l'obligeait à les vérifier. La réaction d'Annabella avait été parfaite. Même si elle entraînait une brouille probablement définitive, elle prouvait son innocence.

*
**

Octobre était fidèle à sa réputation : gris, terne, brumeux et froid. Pluies et brouillards s'entremêlaient dans un ballet humide. Chaque jour, Londres devenait un peu plus irrespirable. C'est pourquoi

Higgins, afin d'éliminer les séquelles de sa grippe, avait trouvé refuge dans sa demeure de *The Slaughterers*, devant un bon feu de bois, un verre de Royal Salute à la main et le siamois Trafalgar à ses pieds.

Ce 20 octobre, l'affaire était au point mort. Les chroniqueurs concluaient toujours à la culpabilité de Montague Fitword. A Whitechapel, le quadrillage policier avait été considérablement allégé. Le Yard avait redonné aux principaux suspects leur liberté de mouvement, tout en leur demandant de regagner leur domicile le 28 octobre et de ne pas en bouger avant le 9 novembre. Tous avaient accepté sans rechigner, le duc compris. Quant au chirurgien, après un traitement destiné à combattre la dépression, il s'apprêtait à reprendre ses activités.

Cette stratégie, où silence et patience jouaient les premiers rôles, avait été imposée par Higgins, contre l'avis de Scott Marlow qui désirait mener une enquête plus active. L'ex-inspecteur-chef l'avait persuadé de concentrer ses efforts sur la personnalité de Montague Fitword, soumis chaque jour à un interrogatoire serré. S'il était bien l'éventreur, il finirait par avouer.

Mais l'avocat tenait bon.

***

Quand Higgins revint à Londres, le 25 octobre, il avait lu et relu ses notes, dépouillé ses archives, classé ses hypothèses. Rien ne le satisfaisait. Quatre femmes avaient été assassinées. Une cinquième le serait le 9 novembre. Le nouvel éventreur, se conformant au macabre programme de son devancier, défierait une nouvelle fois le Yard.

Higgins arpenta une journée durant les rues de Whitechapel, à la recherche d'une solution. Comment éviter un cinquième crime, après lequel, comme Jack l'Éventreur, son auteur disparaîtrait de la scène et échapperait à la justice ? L'ex-inspecteur-chef s'imprégna des lieux, de leur âme. Sur ces trottoirs avait marché l'assassin. Il connaissait ce quartier à la perfection. C'était ici, et nulle part ailleurs, qu'il avait choisi de répandre la terreur. C'était ici qu'il frapperait une cinquième fois. Ni les spectres des victimes ni ceux des assassins ne se matérialisèrent devant Higgins. Whitechapel demeura muet, enfermé dans son angoisse et sa souffrance, comme si la vérité était à jamais inaccessible.

Higgins continua à marcher dans Londes, au hasard. Alors que la nuit tombait, il entendit la voix de Big Ben. Levant les yeux, il s'aperçut qu'il se trouvait dans un petit parc, non loin de la Tamise. Au-dessus de lui, les branches dénudées d'un vieil arbre au tronc torturé. Dans le jour mourant, il avait l'allure d'un homme courbé au nez crochu, aux mains pourvues de doigts immenses s'apprêtant à déchirer et à détruire. Était-ce l'arbre fameux dont parlaient les Londoniens, celui dans lequel se cachaient les âmes des victimes de meurtres dont les auteurs n'avaient pas été identifiés ? En s'approchant du tronc, l'ex-inspecteur-chef crut entendre des plaintes et des gémissements. Ne fallait-il pas croire aux légendes ? Ce fut à cet instant que Higgins conçut le plan qui lui permettrait peut-être de capturer l'éventreur. La théorie tenait debout. La pratique serait beaucoup plus risquée.

*
**

— Je suis fâchée, inspecteur, affirma une Annabella boudeuse et pincée, et je resterai fâchée contre vous.

— A moi de demander votre pardon, mademoiselle. Je vous ai soupçonnée à tort. M'accorderez-vous la grâce de comprendre les exigences de mon métier?

La jolie blonde refusa de répondre. Dans ce petit pub de Whitechapel, elle se trouvait sur son terrain. Elle n'avait consenti à recevoir Higgins qu'à condition de régler elle-même l'addition. Vivre aux crochets d'un policier lui paraissait indécent.

L'estomac de Higgins souffrait en silence. Les œufs n'étaient pas frais, le jambon avait une couleur rouge sombre, le morceau de lard se ratatinait dans une huile épaisse, la *jelly* rose se cachait sous un toast très ancien. Quant à la bière, sa tiédeur la rendait imbuvable.

— De quelle manière conquérir à nouveau votre confiance?

Annabella maintint son système de défense aussi longtemps que possible. Mais elle était trop sensible au charme tranquille de cet inspecteur qui lui témoignait tant d'égards inhabituels.

Elle finit par sourire, sans le regarder tout à fait en face.

— Eh bien... révélez-moi vos arrière-pensées.

— C'est une grande exigence.

— Ce sera ça ou rien.

— Bon... j'admets ma défaite. Vous aurez donc des aveux complets. Je crois avoir trouvé le moyen d'identifier l'assassin.

Annabella roula des yeux étonnés.

— Ce n'est pas l'avocat ?

— Je l'ignore. Il demeure l'un des suspects.

La jolie blonde ne cachait pas sa curiosité.

— Alors... racontez !

— L'assassin suit exactement le calendrier de Jack l'Éventreur. Comme lui, il n'assassine que des femmes exerçant la profession... d'hôtesse, dans le quartier de Whitechapel. Le déploiement des forces de police ne le gêne pas. Le 9 novembre, il tuera à nouveau. Sans doute pour la dernière fois. Et il restera impuni. Aussi n'existe-t-il qu'une seule solution : lui désigner nous-mêmes sa prochaine victime.

— Génial ! Et ce sera qui ?

— Vous, mademoiselle.

Subitement, Annabella jugea l'idée de Higgins beaucoup moins astucieuse.

— Moi ? Pour quel motif ?

— Parce que vous détenez un indice qui permettra au Yard d'identifier l'assassin.

— Mais ce n'est pas vrai !

Furieuse, la jeune femme se leva, prête à s'enfuir de nouveau. Higgins lui prit la main et la convia à se rasseoir.

— Je le sais bien. L'essentiel, c'est que l'éventreur en soit persuadé.

— Mais... il va me tuer !

— Pas si nous sommes à vos côtés, le superintendant Marlow et moi-même. Il n'hésitera pas à faire usage de son arme si votre existence est menacée. Néanmoins, vous courrez un grand danger. La décision n'appartient qu'à vous et à vous seule. Si vous refusez, vous ne serez pas blâmable.

Annabella se mordilla les doigts quelques instants.

— Si... si j'accepte, j'aurai une récompense?

— Cela me semblerait logique.

— Une assez grosse récompense pour me permettre de quitter Whitechapel et de m'acheter une petite maison à la campagne?

— Je devrais pouvoir résoudre ce problème.

— C'est ça que je veux.

⁂

Les négociations menées par Higgins furent malaisées. D'abord, il lui fallut convaincre Scott Marlow de laisser Annabella jouer le rôle de la chèvre, tout en assurant de manière efficace sa protection. Se voir ainsi propulsé aux premières loges, face au nouveau Jack l'Éventreur, n'attirait guère le superintendant. Ensuite, l'ex-inspecteur-chef dut affronter la hiérarchie administrative et remonter jusqu'au cabinet du chancelier de l'Echiquier pour débloquer des crédits pris sur une caisse d'investissement consacrée aux causes désespérées.

Quand il annonça à la jeune femme que ses exigences seraient satisfaites, celle-ci, oubliant les risques, bondit de joie. Il fallut pourtant l'arracher à ses rêves pour l'emmener au Yard et tenir une réunion avec Scott Marlow.

— Comment comptez-vous procéder? demanda le superintendant.

— Quelques lignes discrètes dans le *Times* mentionnant Annabella, et quelques autres, relatant sa « découverte » et ses « informateurs », dans des journaux populaires. Propagation des rumeurs dans Whitechapel. Dispositif policier important, mais ordre à tous vos hommes de n'interpeller personne pour laisser l'assassin arriver jusqu'à Annabella.

— Sommes-nous certains que l'information atteindra bien tous les suspects ?

— En ce qui concerne Martha Sidgwell et Sergueï Sitachenko, ils seront certainement touchés par la rumeur. Annabella contactera le peintre Walter Milford pour lui demander de faire son portrait. Je préviendrai moi-même le duc de ce fait nouveau. Au rabbin Eliphas, adressons la coupure du journal soulignée en rouge. Quant à vous, superintendant, procédez à un nouvel interrogatoire de sir William Jameson et de Montague Fitword et glissez l'information au détour d'une question.

Le 5 novembre, les annonces parurent et la rumeur fut lancée. Higgins, Marlow et Annabella exécutèrent, le 8 novembre, les tâches qu'ils s'étaient fixées.

CHAPITRE XXIII

Le 8 novembre au soir, les policiers à cheval entrèrent à nouveau dans Whitechapel. Les journaux, depuis une semaine, avaient entamé une vaste campagne de critiques contre la justice et contre Scotland Yard. Pourquoi n'arrêtait-on pas Montague Fitword ? De quelles protections bénéficiait l'avocat pour rester en liberté après les abominables crimes qu'il avait commis ? Quand ce scandale prendrait-il fin et pourquoi utilisait-on des policiers à des tâches inutiles alors que l'assassin était connu de tous ?

Le petit appartement d'Annabella avait été préparé par le Yard depuis plusieurs jours. La jeune femme recevrait l'assassin dans le salon. Elle prendrait soin de s'asseoir dans un fauteuil placé juste à côté de l'entrée de la cuisine où se tiendrait Scott Marlow qui, pourrait ainsi suivre la conversation et intervenir sans tarder au moindre signe de danger. A droite du fauteuil, la chambre où se cacherait Higgins. La porte resterait entrouverte. Annabella avait reçu l'ordre de ne pas tenter le diable et de hurler si elle se sentait menacée.

Un événement qui se produisit à 21 heures faillit remettre en cause cette stratégie. Par bonheur, Higgins, qui relisait les énormes dossiers préparés par le superintendant, avait décidé de passer la soirée au Yard. Il espérait glaner un détail qui lui aurait échappé et obtenir une certitude qui éviterait à Annabella de courir un danger certain. Mais la chance ne lui souriait pas.

Scott Marlow raccrocha le combiné.

— Higgins... une nouvelle incroyable ! Montague Fitword s'est suicidé.

— De quelle manière ?

— Il s'est jeté dans la Tamise, à Tower Bridge.

Les deux hommes se rendirent aussitôt sur les lieux. Au nord de ce pont et non loin de lui, il y avait le quartier de Whitechapel. Comment ne pas supposer qu'en se donnant la mort, l'avocat avait signé ses crimes ?

Plusieurs témoins avaient vu Montague Fitword se jeter dans le fleuve. Il avait coulé à pic. Malgré la rapidité des secours, on n'avait repêché qu'un cadavre. Le visage du principal suspect semblait enfin apaisé. En choisissant cette issue, l'avocat ne s'était-il pas châtié lui-même, préférant échapper à la mécanique implacable de la justice ? Sans doute mourir lui paraissait-il plus facile que de voir son honorabilité détruite au grand jour.

Higgins mit un genou à terre et fouilla le noyé.

— Ses poches sont remplies de pierres, constata-t-il. Il ne s'est accordé aucune chance de survivre.

Les témoins, longuement interrogés, affirmèrent de manière concordante que personne n'avait poussé l'avocat. Avant d'accomplir son geste fatal, il n'avait pas hésité une seconde, comme s'il était pressé d'en finir avec une existence trop lourde à supporter.

Le journalistes s'emparèrent aussitôt de l'événement et annoncèrent la mort du double de Jack l'Éventreur. Les honnêtes gens pouvaient enfin respirer en paix. Bientôt, les forces de police quitteraient Whitechapel et rendraient le quartier à sa grisaille résignée.

Scott Marlow était ébranlé. De retour au Yard, il reprit le dossier de l'avocat défunt.

— Il a le parfait profil de l'éventreur, conclut-il.

— Peut-être, estima Higgins, évasif.

— Maintenons-nous notre stratégie?

— C'est indispensable. Montague Fitword était-il bien l'assassin?

— Qu'est-ce qui vous empêche de le croire?

— L'éventreur avait l'habitude de nous écrire. Pourquoi l'avocat n'a-t-il pas laissé un message d'adieu en s'identifiant formellement comme le meurtrier?

Le détail troubla le superintendant. Il se préparait à formuler une objection lorsque le téléphone sonna. C'était Annabella qui utilisait la ligne directe avec le Yard, installée à son domicile.

Scott Marlow écouta avec attention. A voir les contractions de son visage, ce n'était pas une excellente nouvelle. Il raccrocha sèchement.

— Le duc l'a appelée pour lui fixer rendez-vous,

demain matin à 10 heures, chez elle. Le peintre a accepté de venir à 15 heures.

*
**

Debout contre un mur de la cuisine, Scott Marlow songeait à Montague Fitword. Cet homme insipide, falot, n'avait-il pas été un exécutant au service d'un cerveau qui l'avait manipulé ? Ne s'était-il pas glissé dans la peau d'un criminel à ce point dépourvu de personnalité que Higgins lui-même n'était pas parvenu à prouver sa culpabilité ?

Higgins respirait avec calme. Dans quelques minutes, c'était peut-être le nouveau Jack l'Éventreur qui franchirait le seuil de ce petit appartement de Whitechapel pour y martyriser sa cinquième victime. L'ex-inspecteur-chef regrettait presque d'avoir placé la jeune femme dans une position aussi risquée. Il avait tenté, une dernière fois, de la convaincre de renoncer. Mais Annabella avait la certitude de tenir la chance de sa vie. En aidant Scotland Yard, elle faisait son bonheur.

Quand on sonna à sa porte, néanmoins, elle ne put retenir un petit cri d'effroi. Les jambes tremblantes, elle alla ouvrir. Lord Kiber Rennick se tenait sur le seuil. L'aristocrate portait redingote, gilet brodé et haut-de-forme. Il s'appuyait nonchalamment sur sa canne.

— Je suis à l'heure, je crois. Consentez-vous à me recevoir, mademoiselle ?

— Entrez, mon prince.

Crispée, essayant pourtant d'être naturelle, la jolie blonde prit place dans le fauteuil.

— Que me veut le duc?

— Parler un peu, chère amie.

— Sur quel sujet?

Lord Kiber Rennick examina, d'un œil dégoûté, le modeste logement.

— Nous nous connaissons mal, tous les deux.

— Je n'ai pas eu l'honneur de recueillir votre affection, monsieur le duc.

— Quand j'appréciais un peu la compagnie des femmes, je ne fréquentais que des rousses. Vous ne l'êtes pas.

— Et je n'ai pas l'intention de le devenir.

— Ce serait inutile... aujourd'hui, je n'apprécie plus du tout les femmes.

Annabella se détendait un peu. Lord Kiber Rennick paraissait calme et détendu. Aucun geste suspect, aucune parole agressive. Comment cet homme-là aurait-il pu être l'éventreur?

— Cette aversion ne me porte pas bonheur, continua le duc sur un ton badin, puisqu'on me soupçonne d'avoir assassiné quelques-unes de vos consœurs. Ces insinuations sont obscènes et injustes, ne trouvez-vous pas?

— Sans doute.

— Je reconnais qu'il y a des charges contre moi. J'ai vu Lizbeth, la première victime, peu avant sa mort. J'ai eu comme ami ce stupide chirurgien, William Jameson, qui continue à se prendre pour un lord. Mais tout cela est bien insuffisant pour formuler contre moi une accusation.

— Il y a tout de même un détail que vous oubliez, ironisa Annabella.

— Lequel, jeune dame?

— Vos randonnées dans Whitechapel. Ce n'est pas la place d'un homme de votre rang.

S'appuyant sur sa canne-épée, le duc tourna le dos à son interlocutrice.

— J'aime m'encanailler. La société bourgeoise me déprime. Toujours les mêmes têtes, les mêmes réceptions ennuyeuses, les mêmes propos vides... Ici, ou sur les docks, je rencontre des gens insolites. Ils m'amusent un peu. C'est parfois un peu risqué. Il m'arrive de prendre des coups. J'ai même failli être assassiné par des joueurs de poker indélicats. Mais sans ces expériences-là, mon existence n'aurait pas le moindre sel. La vôtre, en revanche, ne manque pas de piquant.

— Pourquoi donc?

Lord Kiber Rennick se tourna vers Annabella et lui montra l'entrefilet du *Times*.

— Si je sais lire entre les lignes, vous connaissez l'identité de l'assassin. Mes félicitations.

— C'est un hasard, un simple hasard...

— La manière dont vous avez découvert l'éventreur m'importe peu. Ce que j'exige, c'est la vérité.

Annabella pâlit. A l'aristocrate désabusé, vaguement doucereux, se substituait un personnage plus inquiétant. Soudain nerveux, très raide, le duc s'était exprimé avec une violence mal contenue.

— Je ne comprends pas...

— Je veux le nom de l'assassin.

— Mais pourquoi...

— Pauvre idiote! Vous n'avez donc pas conscience que l'honneur des Rennick est en jeu? La police noiera le poisson, comme d'habitude. Moi, non. J'ai besoin de laver cette souillure dans le sang. Ma réputation a été ternie. On m'a soupçonné de meurtre, moi, lord Kiber Rennick ! On m'a soumis à des interrogatoires comme une vulgaire crapule. Je ne supporte pas cet affront. Celui qui en est la cause le paiera de son existence. Dans ma famille, c'est la loi depuis le Moyen Age.

— Ne craignez-vous pas...

— Je ne crains personne. On ne s'attaque pas à un Rennick. Alors, ce nom ?

Cette fois, Annabella avait peur. Le duc ne plaisantait pas.

— En réalité, je ne l'ai pas...

— Cessez de vous moquer de moi. Le nom de l'assassin, immédiatement !

— Je vous jure...

Lord Kiber Rennick sortit l'épée de son fourreau et la brandit devant le visage de la jeune femme.

Annabella retint un cri. Si elle alertait les policiers trop tôt, que pourraient-ils prouver ?

— Si je refuse de parler, demanda-t-elle crânement, que ferez-vous de moi ?

Une lueur assassine brilla dans l'œil du duc. La lame demeura droite quelques instants. Puis le duc la remit dans son fourreau.

— Pour qui me prenez-vous ? Si vous refusez de parler, je m'en vais. Ma manœuvre d'intimidation aura échoué, comme d'habitude...

Le duc ressemblait à un pantin désarticulé. Annabella se leva et le raccompagna à la porte de sa demeure.

— Rentrez vite chez vous, conseilla-t-elle, et oubliez tout ça. Votre honneur se lavera bien tout seul.

*
**

Higgins reprocha à la jeune femme son imprudence. Très fière d'elle-même, Annabella se vanta d'avoir éliminé elle-même un suspect. Ce premier obstacle surmonté, elle se sentait le cœur allègre.

— Reprenez votre faction, messieurs. Je prépare du café. Ce sera peut-être notre seul client.

La sonnette de la porte d'entrée la démentit. La jeune femme ouvrit avec détermination, découvrant la silhouette tassée de Martha Sidgwell.

D'une poigne puissante, l'avorteuse poussa Annabella à l'intérieur et claqua la porte.

— Toi, ma petite, j'ai deux mots à te dire. Va t'asseoir et tiens-toi tranquille.

Annabella put choisir le bon fauteuil. Elle se sentit protégée de la fureur froide du « vautour ».

— Qu'est-ce qui t'arrive, Martha?

Vêtue d'une robe grise, la tête couverte d'un fichu mauve, l'avorteuse s'empara d'une chaise et s'assit en face de la jeune femme.

— Tu as été correcte dans le passé, ma petite.

— Je continue à l'être.

— Ça a quand même beaucoup changé... tu m'as balancée aux flics.

— Non, protesta Annabella. Ils ont remonté eux-mêmes ta piste. A un moment, j'ai été contrainte de dire la vérité. Je ne t'ai pas chargée, crois-moi.

— Ça m'étonnerait... tout le monde me tire dans les pattes. J'aide les pauvres filles à ne pas sombrer davantage dans la misère, mais le bon Dieu oublie de m'en récompenser.

— Ne blasphème pas, Martha !

L'avorteuse saisit le poignet d'Annabella.

— Tu me fais mal !

Les doigts puissants s'enfonçaient dans la chair tendre. Higgins et Marlow s'apprêtaient à intervenir quand le « vautour » desserra sa prise.

— J'aime mieux ça, soupira la jolie blonde. Ne recommence pas.

— Ce n'est pas à toi de me donner des ordres. Tu m'as beaucoup déçue, ma petite. Tu n'aurais pas dû trahir ma confiance.

— Tu te trompes.

— Rarement. Avec toi, j'ai commis une grosse bourde. J'aurais dû te payer. Ce qu'on n'achète pas, on ne le possède pas.

— Tu me fais beaucoup de peine, Martha. Il n'a jamais été question d'argent entre nous. Tu as aidé certaines de mes amies dans des moments difficiles et je t'en remercie. Pourquoi me faire cette scène, aujourd'hui ?

— Parce qu'il court une drôle de rumeur, dans Whitechapel... Il paraîtrait que tu serais la seule à connaître l'identité de l'éventreur. C'est vrai, ça ?

— En quoi ça te regarde ?

— Cette histoire-là m'a fait perdre tout ma clientèle. Avec les flics qui stationnent à chaque coin de rue, impossible de travailler. Il va falloir que je m'expatrie et tout ça à cause de toi !

— Mais je ne suis pas Jack l'Éventreur! s'exclama Annabella, outrée. Ce n'est pas moi qui ai causé ce trouble!

— Et si c'était moi, Jack l'Éventreur? interrogea Martha Sidgwell en se levant.

Annabella avait le regard rivé sur les mains épaisses de l'avorteuse. Elles évoquaient deux énormes pinces près de serrer un cou innocent.

— Tu sais ce que c'est, petite?

Martha Sidgwell exhiba un couteau.

La jeune femme se cala au fond de son fauteuil.

— Ça, c'est une belle lame, reprit l'avorteuse. Elle coupe à la perfection. Tu as un joli minois, petite, beaucoup trop joli pour être honnête... Tu mérites une bonne punition, une punition que tu n'oublieras pas. Puisque tu m'empêches d'exercer mon métier, je vais t'empêcher d'exercer le tien. Trois ou quatre balafres feront de toi un repoussoir. Ça ne sera que justice.

Trois pas séparaient l'agresseur de sa victime. Martha Sidgwell leva son couteau.

— Ça suffit, Martha! Ne joue pas au monstre avec moi! Donne-moi cette lame et sors d'ici.

Désarçonnée, l'avorteuse considéra la jeune femme comme si elle la voyait pour la première fois. Elle lâcha son arme et recula.

— Ne me fais pas de mal, Annabella... je t'ai toujours aimée, tu sais...

— Disparais!

CHAPITRE XXIV

Annabella avoua à Higgins qu'elle avait vraiment eu peur. Mais elle connaissait trop la veulerie et la lâcheté de l'avorteuse pour croire un seul instant qu'elle fût un assassin. Aussi une authentique fureur s'était-elle emparée d'elle quand « le vautour » avait osé la menacer.

Scott Marlow suait à grosses gouttes. Son teint était un peu vert.

— C'est trop dangereux, Higgins. Nous devrions nous en tenir là.

— L'inspecteur Higgins sait ce qu'il fait, objecta Annabella. Contentez-vous de boire votre café et de me protéger si nécessaire. J'ai rendez-vous à 15 heures avec le peintre. Pas question d'annuler.

On sonna à nouveau un peu avant midi.

C'était le rabbin Eliphas qui présenta à la jeune femme un plat de viande.

— Je l'ai préparée moi-même, dit-il avec fougue. Elle est kasher. Je serais heureux de déjeuner avec vous.

— Eh bien... entrez.

Prise au dépourvu, la jeune femme disposa une table à la hâte.

— Ne perdons pas de temps, recommanda le rabbin. C'est encore chaud.

Annabella apprécia le plat. Mais, rabbin ou pas, elle avait une mission à remplir.

— Qu'est-ce qui vous amène, rabbi?

Le religieux baissa la voix.

— Voilà des années que je suis persécuté, mademoiselle. Les forces du mal m'agressent sans arrêt. Chaque jour, je mène une lutte acharnée contre elles. Et ça continue... voilà ce qu'on m'a envoyé.

Il posa sur la table l'entrefilet du *Times* souligné de rouge.

— Mais ce texte ne vous concerne pas, s'étonna la jeune femme.

— Bien sûr que si. La police me soupçonne d'être Jack l'Éventreur. A cause de mon couteau de sacrificateur.

Le rabbin sortit l'arme de son fourreau et la posa à côté du plat.

— Vous aussi, mademoiselle, affirma-t-il avec gravité, vous êtes une persécutée. Je suis venu vous aider. J'ai déjà tenté d'arracher au vice plusieurs personnes de votre espèce. Les résultats n'ont pas toujours été à la hauteur de mes espérances, je le reconnais. Mais je ne désespère pas de réussir. Dieu est à mes côtés. Et pourtant, on me calomnie et on m'injurie! Le poids de la justice fera de moi un saint homme. Aujourd'hui, j'ai un devoir : vous soustraire à la folie de l'assassin qui rôde dans Whitechapel.

— Moi ? Pourquoi moi ?

Le rabbin baissa la tête, gardant un œil sur le somptueux décolleté d'Annabella.

— Vous êtes très jolie... nous irions bien ensemble. J'ai peur pour vous. Et j'en sais plus que la police ne le suppose.

— Ah bon ? Connaîtriez-vous l'assassin ?

— Non, mais j'ai croisé sa première victime, le 31 août. L'inscription, c'est moi qui en suis l'auteur.

— Quelle inscription ?

— « Les juifs ne seront pas châtiés en vain. » C'était bien trouvé, non ? On pouvait soupçonner tout le monde, sauf moi. De la sorte, on comprendrait que j'étais bel et bien persécuté !

Annabella ne suivait pas le raisonnement du rabbin. Mais elle était attendrie par la sincérité de l'homme vêtu de noir, un peu ridicule avec sa petite barbiche.

— Je suis un mauvais homme, avoua-t-il. Je suis trop attiré par les femmes et pas assez par la boucherie. Si je suis persécuté, c'est que je le mérite.

— Vous n'avez pas le droit de parler comme ça. Vous êtes trop solitaire.

— Justement, mademoiselle... je crois que ça me monte à la tête. Par moments, avec mon grand couteau, j'ai envie...

Le rabbin Eliphas brandit l'arme blanche.

— Posez-le immédiatement, ordonna Annabella. Vous pourriez vous blesser.

Honteux, le religieux obéit.

— Il faut me pardonner mes péchés, mademoiselle. Si vous acceptiez de m'épouser, je n'aurais plus le désir de traîner dans les rues et de parler avec des femmes de mauvaise vie.

— Je n'en doute pas, mais je n'ai pas l'intention de me marier.

— Alors, il faut quand même que je vous protège, surtout si vous connaissez l'identité de l'assassin. Je compte m'installer ici.

— Ce serait très imprudent. L'éventreur ne vous accorderait pas la vie sauve.

— Vous pensez...

Le rabbin réfléchit. La jeune femme n'avait pas tort.

— Vous m'avez beaucoup aidé. Je dois vous remercier.

Le rabbin se leva, s'approcha d'Annabella et se pencha vers elle pour l'embrasser. Se méprenant sur ses intentions, elle se renversa en arrière et cria « au secours ».

Aussitôt, Marlow se jeta sur le religieux et le ceintura.

— Vous êtes en état d'arrestation, déclara Higgins.

Eliphas, perdu, tremblait de peur.

— Mais... pourquoi? Je voulais lui donner le baiser de paix!

En le fouillant, Scott Marlow découvrit une lettre.

— Les aveux de l'éventreur! s'exclama-t-il.

Le superintendant déchanta. Il ne s'agissait que d'une proposition de mariage destinée à Annabella.

— Vous serez inculpé de faux témoignage, annonça-t-il au rabbin. Pour le moment, regagnez votre boucherie et n'en bougez plus.

*
**

Annabella, qui croyait de moins en moins à l'apparition du nouveau Jack l'Éventreur, eut le temps de se livrer aux plaisirs de la sieste. Marlow et Higgins se régalèrent avec les restes du rôti kasher.

La sonnette fit entendre sa voix aigrelette peu après 15 h 15.

Annabella ouvrit au peintre Walter Milford portant en bandoulière le sac contenant son matériel.

— Tu es trempé !

— Il pleut des cordes. Je peux ôter ma veste ?

— Donne-la. Je la mets dans la cuisine.

Au passage, la jeune femme adressa une œillade amicale au superintendant. Elle semblait tout à fait détendue.

— Je suis en retard, s'excusa l'artiste au moment où son hôtesse s'asseyait. Moi et l'heure... Je n'ai pas compris grand-chose à ton coup de fil. Qu'est-ce que tu veux, au juste ?

— Que tu fasses mon portrait. Habillée et en pied.

Walter Milford examina Annabella sous toutes les coutures.

— Tu es mignonne, très mignonne... c'est donc bien ce que je supposais. Mais tu ne me connais pas très bien.

— Que veux-tu dire ?

— Je choisis toujours mes modèles moi-même et l'heure où j'ai envie de peindre. Je suis un véritable artiste, pas un barbouilleur. Ta proposition me dérange, ma belle.

— Je suis prête à payer.

— Pourquoi ce brutal besoin d'être immortalisée ?

— Je dispose d'un indice précis qui permettra à la police d'identifier l'assassin.

— Diable... tu ne dois pas dormir tranquille.

— Si, la police m'a donné toutes les garanties.

Le peintre recula, fixant Annabella avec intensité.

— Toi, mon modèle... pourquoi pas, après tout ?

— C'est long, une séance de pose ?

— Tout dépend de mon inspiration.

— Et si on commençait maintenant ? Tu as ton matériel !

— Je ne me promène jamais sans lui. Non, aujourd'hui, je ne me sens pas bien... Il faut d'abord que je m'habitue à l'idée.

— Je suis libre ce soir, si tu veux.

— Je ne travaille qu'à la lumière du jour.

— Tu es d'accord ? Tu feras mon portrait ? demanda Annabella avec un sourire désarmant.

— Admettons que tu m'en as donné l'envie... tu es une sorte de sorcière blonde.

— Quand commençons-nous ?

Walter Milford réfléchit.

— Demain après-midi. Je me lèverai tard.

Le peintre se dirigea vers la porte.

— Et ton matériel ? Tu l'oublies ?

— Non. Je te le laisse. Ça m'évitera d'avoir à le transporter. Pour une fois, je me promènerai les mains dans les poches.

— Et le prix ? Nous n'en avons pas discuté.

— Ça dépendra de la qualité du tableau. Ne t'en fais pas, ma jolie. On trouvera bien un moyen de s'arranger.

Annabella regarda le peintre partir. Il ne manquait pas de charme, avec ses cheveux roux et ses taches de son.

Higgins fouilla longuement le sac, examinant les pinceaux, le chevalet pliant, les tubes de couleur, le couteau pour étaler la peinture. Il ne cacha pas sa déception.

— Encore une piste qui s'effondre ?

— Que comptiez-vous découvrir dans ce matériel ? demanda le superintendant.

— J'avais une idée stupide.

— En tout cas, voilà un suspect de moins, conclut Scott Marlow. Demain, c'est le 10 novembre. Notre assassin doit tuer aujourd'hui.

— Tout à fait exact, reconnut Higgins. Mais la journée n'est pas finie.

*
**

La nuit tombait quand la sonnette retentit de nouveau.

— Bonsoir, mon petit, dit sir William Jameson avec un sourire presque carnassier. Tu me laisses entrer ? J'aimerais beaucoup te parler.

— Comme vous voudrez. Mais pas de brutalités.

— Sois tranquille. J'ai été souffrant, c'est vrai, mais ça va beaucoup mieux.

Annabella regagna son fauteuil. Le chirurgien ferma la porte. Puis il accomplit de multiples allées et venues dans la pièce principale de l'appartement.

— Vous cherchez quelque chose ?

— Des micros. Je suis sûr qu'on m'espionne. La police veut me coller les meurtres sur le dos. Ici, il n'y a rien. Je vais fouiller les autres pièces.

La jeune femme se dressa devant lui.

— Je vous l'interdis. Vous êtes ici chez moi. C'est moi qui commande. Si cela vous déplaît, partez immédiatement.

— Bon, ne t'énerve pas, mon petit... il faut me comprendre. J'encaisse pas mal de coups durs, ces temps-ci. N'importe qui, à ma place, aurait craqué. Cette ordure de duc me tire dans les pattes depuis le début de cette sale affaire... il recommande à ses relations de me lâcher. Déjà plus de vingt opérations annulées et le reste va suivre... Mon cabinet sera bientôt vide et je devrai démissionner de mon poste à l'hôpital. Qui accepterait de se faire opérer par un chirurgien fou ? Demain, c'est la honte et la misère.

Le chirurgien s'assit sur le plancher, jambes raides devant lui.

— Hier, ma femme est partie... je ne sais même pas où elle est allée. Pas même un mot, après tant d'années de mariage. Je suis un pauvre type, je sais, mais c'est un peu dur. Elle aurait tant aimé avoir des enfants... Je crois que je ne suis bon qu'à une chose : répandre le malheur autour de moi.

Annabella, émue, ne savait que dire.

— Hier, continua sir William Jameson, mon meilleur ami s'est suicidé. Les journaux ne parlent que de ça. Lui disparu, il ne me reste personne. Je n'ai plus qu'à me jeter dans la Tamise, moi aussi. Mais auparavant, il me reste quelque chose à faire.

Le chirurgien sortit de sa poche une paire de bas.

— Ceux-là, ils ne m'ont pas trahi... grâce à eux, j'ai connu des moments de bonheur. Au fond, mieux vaut accorder sa confiance à des objets qu'à des êtres humains. Ce n'est pas ton avis, mon petit?

— Si, bien sûr, articula la jeune femme avec peine.

Sir William Jameson étala devant lui la page du *Sun* où étaient parues les révélations concernant Annabella.

— Tu sais qui est l'éventreur, mon petit?

— On le prétend.

— C'est formidable. Toi, tu es mon amie.

— Nous nous connaissons très peu. Vous n'êtes pas exactement mon genre.

— J'ai été beaucoup calomnié, mon petit. Je ne suis pas aussi violent qu'on le prétend. Le monde est méchant et injuste... Je peux être aussi doux qu'un enfant. Tu veux voir?

— Je n'y tiens pas.

— Tu ne m'aimes pas, toi non plus... pourtant, tu vas me dire la vérité.

Le chirurgien s'échauffait.

— Vous ne faites pas partie de Scotland Yard. Je ne parlerai qu'à un policier.

— Je veux connaître le nom de cet assassin. Il a

ruiné ma carrière, brisé ma famille et il me précipite dans la pauvreté. A cause de lui, je n'ai plus rien à espérer de l'avenir. C'est pourquoi j'aurai sa peau. Il ne me manque qu'un détail : son nom. Alors, c'est tout simple, tu vas me le donner et je m'en irai tranquillement.

Sir William Jameson se releva. Il fit une boule de la feuille du journal et la jeta au loin. Puis il tendit les bas et s'approcha de la jeune femme.

— N'espère pas pouvoir te taire, mon petit. Pour moi, c'est très important. Si c'est nécessaire, j'utiliserai la force.

Le chirurgien remit les bas dans sa poche.

— Pas avec ça... réponds, petite : qui est Jack l'Éventreur ?

— Vous ne me faites pas peur, mentit Annabella.

— Tu as tort, tout à fait tort... je peux quand même devenir violent quand on me résiste. J'ai le droit de savoir. La police est incapable de mettre la main sur ce monstre. Moi, je le tuerai. Sois gentille, petite : qui est-il ?

— Je... je l'ignore.

— C'est dommage... j'aurais mieux aimé que tu sois raisonnable. Tu n'as qu'un nom à prononcer et je te laisse tranquille. Un nom, un simple nom !

— Je... je ne peux pas.

— Pardonne-moi, mon petit. Ce que je vais être obligé de faire ne me plaît pas, mais je n'ai pas le choix.

Sir William Jameson s'approcha de la jolie blonde.

— Au secours, inspecteur!

Avec vivacité, Higgins s'interposa entre le chirurgien et Annabella. Scott Marlow pointa son arme vers l'agresseur.

— Ne bougez plus, ordonna-t-il, lui passant prestement les menottes.

Après quelques secondes d'un silence difficile à supporter, sir William Jameson se mit à hurler comme un forcené. Le superintendant fut contraint d'appeler une ambulance. De toute évidence, le chirurgien avait perdu la raison. Les infirmiers lui passèrent la camisole de force et lui administrèrent des calmants avant de l'emmener jusqu'à la clinique où il serait interné.

— Désirez-vous un remontant? demanda Higgins à Annabella.

— Ça ira... heureusement, c'est fini. Cette fois, j'ai bien cru que c'était lui.

— C'était peut-être lui, remarqua Scott Marlow.

— Il faut encore attendre, rappela Higgins.

CHAPITRE XXV

La nuit était tombée. Le brouillard recouvrait Whitechapel. Une patrouille de police passa devant le domicile d'Annabella.

A 21 heures, on sonna. Scott Marlow et Higgins reprirent leur faction. Un peu lasse, la jeune femme alla ouvrir.

— Bonsoir, petite madame! Le bon Sergueï vous a apporté une merveille : du porto fabuleux. Il réjouit le corps et le cœur... Consentez-vous à le boire en ma compagnie?

— C'est gentil. Entrez donc.

— Ah, je le savais, je le sentais! Tu es une merveille, toi! Boire avec la plus belle fille de Whitechapel : est-il destinée plus heureuse?

Prenant la jeune femme par les épaules, Sergueï Sitachenko entraîna la jeune femme à l'intérieur et ferma la porte d'un coup de pied.

— Nous allons passer un délicieux moment ensemble, ma petit biche. Assieds-toi donc.

Annabella choisit le fauteuil qu'elle avait occupé depuis le début de cette journée.

— Les verres sont dans la commode, indiqua-t-elle.

— C'est un vintage Croft 1945, précisa l'émigré en versant le liquide ambré. Un miracle de la nature et de l'industrie humaine.

Prudente, Annabella attendit que Sergueï Sitachenko eût vidé son verre qu'il remplit aussitôt.

— Il est bon, reconnut-elle.

— Bon ? Tu veux dire splendide, mirifique ! Je t'en ferai boire d'autres, petite colombe. Je suis plutôt riche, le savais-tu ?

— Vous arrachez beaucoup de dents ?

L'émigré leva les bras au ciel.

— Par saint Serge, qu'elle est naïve et innocente ! Tendre petite colombe, j'en arrache aussi peu que possible. C'est une couverture, tu comprends ?

— Plus ou moins. Si vous n'êtes pas dentiste, qu'est-ce que vous faites ?

L'imposant personnage s'agenouilla aux pieds de la jolie blonde.

— Adorable gazelle, tu connais si mal l'existence ! Quand on vient de loin, comme moi, gagner sa vie n'est pas facile. Il faut se montrer inventif, astucieux, avoir des idées... J'en ai eu une, excellente. Avec ma bonté naturelle, j'ai eu rapidement de grandes et bonnes amies. Grâce à Dieu, je plais aux femmes. Les chéries ont vite compris que je pouvais les aider. Les rues sont tellement dangereuses, de nos jours... un protecteur comme moi, ça n'a pas de prix. A Whitechapel, j'ai créé une sorte d'amicale... occulte. Les dames dont je suis le patron bien-aimé n'ont qu'à se louer de mes services.

Annabella écarquilla les yeux.

— Vous êtes... un souteneur?

— Ah, quel mot horrible! Pas de choses laides entre nous, ma biche. Le bon Sergueï veut ton bonheur et ta fortune. Quand j'ai entendu dire, par une de mes employées, que tu connaissais le nom de l'éventreur, j'ai aussitôt supposé que tu avais besoin d'une protection intensive. Me voici, ma colombe... Si tu viens habiter chez moi, tu y seras en toute sécurité et nous pourrons réfléchir tranquillement à notre contrat futur.

— Notre contrat? Vous voulez m'engager?

— Bien sûr, mon petit ange blond. En devenant l'une des femmes de Sergueï, tu assureras ton avenir. Mon pourcentage te paraîtra un peu lourd, au début, mais tu t'y habitueras très vite. Je te le répète, mon oisillon : un bon protecteur n'a pas de prix.

— Moi, Annabella, je n'ai pas réussi à te dépister...

Le Russe sourit à pleines dents.

— Le secret est bien gardé et j'en suis fier. C'est la condition essentielle de ma réussite dans ce métier si délicat. J'ai prévenu mes femmes : si elles parlent, je les tue.

L'avertissement avait été formulé avec une brutalité qui fit frissonner Annabella. Les yeux de l'émigré n'exprimaient plus le moindre charme. Ils étaient froids et glacés comme ceux d'un tueur.

Sergueï Sitachenko, pataud comme un ours, se releva.

— Cette série de meurtres m'a beaucoup contrarié, déclara-t-il. Les filles qui ont été assassinées appartenaient à mon réseau. Pour moi, c'est une grosse perte financière.

Annabella tombait des nues.

— Lizbeth et les autres... votre réseau! Mais alors, tout Whitechapel...

Sergueï Sitachenko sourit d'aise.

— Eh oui, presque tout. C'est le travail de plusieurs années. A part toi, il n'y a plus grand monde de sérieux qui échappe à ma coupe. Cette désagréable situation m'a obligé à agir. Aujourd'hui, tout est simple.

— Vous trouvez?

— Mais oui, ma colombe. D'abord, tu vas me donner le nom de cet éventreur. Je suis un peu rancunier, tu sais. Quand on a beaucoup manqué, comme moi, la moindre perte d'argent déclenche des aigreurs d'estomac. Ce type-là a des comptes à me rendre. Ensuite, tu vas me promettre de travailler pour moi. Tu es la plus jolie du quartier. En plus, pas bête. Avec ces qualités-là, je ferai de toi une vedette.

— Et si je refuse?

— Tu n'as pas le choix, petit oiseau. A présent, tu en sais trop. Beaucoup trop. Si tu refuses, je te saigne.

Empoignant la bouteille de porto par le goulot, Sergueï Sitachenko la brisa sur une commode. Le vin éclaboussa le mur et le meuble. Le gros homme pointa le tesson coupant vers la gorge de la jeune femme.

D'un bond, Annabella se précipita dans la cuisine.

Amusé, le Russe la suivit. Il se trouva face au canon du revolver que tenait Scott Marlow.

— Jetez immédiatement cette bouteille, ordonna le superintendant, et mettez les mains derrière le dos.

— Qu'est-ce que... qu'est-ce que ça signifie ?

— Vous feriez mieux d'obéir, intervint Higgins, ou mon collègue va tirer. Les gens de votre espèce sont particulièrement irritants.

Tremblant, Sergueï Sitachenko lâcha son arme.

— Je n'ai rien fait, je suis innocent !

— Je vous arrête pour proxénétisme aggravé, menaces de mort, tentative d'assassinat et sans doute pour quatre meurtres.

— Meurtres, moi ? Mais c'étaient mes filles ! Ma fortune ! Je n'aurais quand même pas été assez fou pour la détruire.

— Votre fortune m'a beaucoup intrigué, monsieur Sitachenko. Une bouteille de vintage Croft 1927 vaut au moins neuf cents livres en vente publique. Je me demandais d'où vous tiriez vos revenus. Voici donc un point éclairci. Il en reste un autre : le camée que vous portez sur vous. C'est le visage de votre mère, n'est-ce pas, et non celui de Lizbeth, la première victime de l'éventreur ?

Le Russe baissa la tête. Deux grosses larmes roulèrent sur ses joues.

— Oui, c'est bien maman... ma si douce maman...

— Vous m'avez menti, continua Higgins, en

prétendant que vous ne possédiez aucune photographie d'elle. J'en ai retrouvé quelques-unes cachées au sommet de votre armoire. J'ai cru longtemps qu'il s'agissait de Lizbeth. Mais c'était aussi votre mère. Les deux femmes se ressemblaient, n'est-il pas vrai ?

— Des sosies, avoua Sergueï Sitachenko. En voyant Lizbeth, j'ai cru retrouver ma mère. Ma mère qui avait été obligée de se prostituer et qui en est morte... Lizbeth, je l'ai aimée. Puis je me suis vengé. Elle fut ma première esclave. Ces femmes-là ne méritent pas mieux. En les asservissant, je leur faisais payer ce qu'avait subi ma mère.

— C'est parfaitement clair, estima Marlow. Pour que votre vengeance soit complète, vous avez décidé de les tuer et de les éventrer.

— Je vous jure que non ! Les exploiter me suffisait. Quand Lizbeth est morte, j'ai perdu ma mère une seconde fois... si je tenais ce sale type...

— Scotland Yard le tient, c'est l'essentiel.

Le superintendant appela une voiture de police.

— Vous venez avec nous, Higgins ?

— Non, je préfère marcher.

Scott Marlow félicita chaleureusement une Annabella rayonnante. Le nouvel éventreur était arrêté et elle irait vivre à la campagne. Elle voulut retenir Higgins, mais ce dernier, prétextant une grande fatigue, s'enfonça dans la nuit pluvieuse de Whitechapel.

CHAPITRE XXVI

« Si elles parlent, je les tue. » La phrase prononcée par Sergueï Sitachenko en faisait un parfait émule de Jack l'Éventreur. Tout se tenait. Les quatre victimes, Lizbeth, Jenny, Emily et Anna avaient eu la langue trop bien pendue. Pour préserver son secret, Sitachenko les avait exécutées. L'avertissement qu'il avait donné à Annabella n'était pas gratuit.

A l'issue de cette enquête, Higgins ne jouissait pourtant d'aucun soulagement. Il éprouvait l'insupportable sensation de ne pas avoir atteint la vérité. « Quand les nuages se montrent, avait écrit Shakespeare, les hommes sages mettent leur manteau. Quand les feuilles tombent, c'est que l'hiver approche. Quand le soleil se couche, qui ne s'attend à la nuit ? »

La nuit était épaisse. Si épaisse qu'elle tuait un soleil que l'ex-inspecteur-chef aurait aimé voir se lever sur une affaire qui continuait à le préoccuper.

Si Sergueï Sitachenko n'était pas l'assassin, il restait deux solutions : ou bien l'avocat Montague

Fitword était un coupable qui s'était supprimé lui-même, ou bien Annabella avait joué la plus odieuse des comédies.

Higgins ne croyait pas que l'avocat eût commis des crimes aussi abominables. L'homme avait été détruit par un scandale qu'il n'avait pas eu la force d'affronter. Son existence avait été une longue suite de déceptions. Le suicide lui était apparu comme l'unique issue.

Le cas d'Annabella, en revanche, le troublait encore. La journée du 9 novembre se terminait. L'éventreur ne s'était pas manifesté. A moins qu'il ne s'agisse de la jeune femme blonde elle-même, qui n'aurait donc pris le risque d'aucune agression et se serait amusée à jouer avec les nerfs des policiers. Ne haïssait-elle pas sa condition et ne s'en vengeait-elle pas sur ses consœurs ? Elle avait passé cette redoutable épreuve des entrevues avec des suspects sans perdre le contrôle d'elle-même.

Scott Marlow, prudent, avait laissé un policier en faction devant chez elle. Mais la journée tant redoutée s'achevait et personne n'avait réellement tenté de la tuer. Sauf Sitachenko, peut-être, dont le mobile était clair. Si Annabella était le nouveau Jack l'Éventreur, n'attendrait-elle pas le lendemain pour frapper à nouveau ? Hypothèse stupide. Jusqu'à présent, le macabre calendrier avait été respecté. Et puis la jeune femme avait livré le fond de son âme : elle voulait quitter ce métier sordide et vivre à la campagne.

Elle n'avait décidément pas le profil d'un sadique. Le manque de confiance qu'éprouvait l'ex-inspecteur-chef envers le genre humain le rendait trop soupçonneux. Le nouvel éventreur ne pouvait-être que Sitachenko ou Montague Fitword, lequel avait emporté son trop lourd secret dans sa tombe.

Higgins croisa des clochards ivres morts. L'un d'eux, d'un coup de pied, renversa une poubelle dont le contenu se déversa sur la chaussée mouillée : une vieille poupée, des papiers gras, des fruits pourris, des bouteilles vides et d'autres déchets.

Pourquoi l'œil de l'ex-inspecteur-chef s'attarda-t-il sur ce tableau peu attrayant ? L'illumination fut presque immédiate. De minuscules détails se relièrent entre eux. Et soudain, il comprit.

Higgins venait de découvrir l'identité de l'assassin.

Consultant son oignon, il s'aperçut que les aiguilles indiquaient onze heures et quarante-deux minutes. Il ne lui restait plus une seconde à perdre. En courant, il s'enfonça dans Witechapel.

— T'as vu, dit l'un d'eux. On croirait que c'est Jack l'Éventreur qui sème le Yard...

*
**

A minuit moins cinq minutes, la porte de l'appartement d'Annabella s'ouvrit sans grincer. Le visiteur la referma avec douceur, ne provoquant qu'un léger bruit. Mais ce dernier fut suffisant pour alerter la jeune femme qui ne parvenait pas à s'endormir. Elle rêvait de sa petite maison de campagne, de l'air pur, des fleurs des champs, des chiens qu'elle élèverait.

Elle sortit de son lit. Pieds nus, le corps à peine voilé par un déshabillé arachnéen, elle appuya sur l'interrupteur de la pièce principale et fit jaillir la lumière.

— Bonsoir, Annabella. Vous êtes très jolie.

Dans un réflexe de pudeur, elle mit les mains sur sa poitrine.

— Je suis revenu sur ma décision, expliqua Walter Milford. L'inspiration m'est venue. Quand elle m'envahit, je ne peux pas y résister. Nous sommes encore le 9 novembre, n'est-ce pas?

— Oui, mais quelle importance?

— C'est capital, affirma le peintre, très concentré. J'ai commencé mes quatre œuvres précédentes aux dates imposées. Je ne suis pas encore satisfait. Avec vous, je suis presque certain de réussir.

— Réussir quoi? demanda Annabella d'une voix tremblante.

— Un chef-d'œuvre, mon ange, une toile comme personne n'en a jamais créée! Cela exige certains sacrifices.

— Je suis fatiguée, ce soir. J'aimerais dormir. Revenez demain.

— C'est impossible. Nous sommes le 9 novembre.

— Le policier vous a laissé passer? s'étonna-t-elle.

— Je l'ai convaincu, indiqua le peintre roux. Il dort tranquillement et ne nous ennuiera plus.

— Partez, je vous en prie... vous me faites peur.

— Si vous ne résistez pas, tout ira très vite. J'ai une main sûre et une poigne très ferme. Lutter est inutile.

Paniquée, Annabella recula jusqu'au mur. Elle n'avait aucune possibilité de fuir. Quand elle vit Walter Milford sortir de ses poches un godet en verre et un pinceau, elle crut qu'il comptait réellement commencer son portrait.

Mais elle déchanta vite.

Le manche du pinceau se dévissa. Apparut un long poignard.

— Les autres peintres sont des truqueurs, expliqua l'artiste. Ils utilisent des couleurs artificielles. Moi, je travaille avec la réalité et je la transcende! Grâce à vous, je vais réaliser le plus extraordinaire des portraits de femme! Mais j'ai besoin de votre sang et de votre peau. C'est pourquoi je suis contraint de vous tuer, Annabella, et de fouiller votre corps jusqu'à l'âme. Il n'y a aucune méchanceté dans mon geste... ce sont les exigences de l'art.

— Vous êtes complètement fou! hurla-t-elle, terrorisée.

L'accusation contraria Walter Milford.

— Vous n'avez pas le droit de dire ça. C'est complètement faux. Pour vous punir, je vais vous éventrer!

L'artiste roux marcha lentement vers sa victime. Tétanisée, elle était incapable de lui opposer la moindre résistance.

Un premier pavé brisa l'une des fenêtres de l'appartement. Le peintre, surpris, se retourna. Le second pavé l'atteignit à la tête. Etourdi, le front ensanglanté, il lâcha son arme et porta les mains à sa blessure.

Higgins, passant par la fenêtre, se précipita vers lui. S'emparant d'une chaise, il l'assomma.

Les yeux dans le vague, Annabella fit deux pas en direction de l'ex-inspecteur-chef et lui tomba dans les bras.

*
**

Walter Milford s'était longuement confessé. Il se voulait l'héritier du peintre Walter Sickert, le véritable Jack l'Éventreur, dont il avait retrouvé le journal intime, soigneusement caché dans son atelier. Des liens familiaux unissaient les deux hommes. Le peintre roux avait repris le flambeau, désirant mener à bien l'œuvre entreprise par un assassin dont personne n'avait perçu les grandioses motivations. L'art était toujours trop éloigné de la réalité. Il fallait que tout devînt vrai : la chair, les larmes, le sang. Comment bien peindre un être humain sans utiliser la plus belle couleur, celle du sang qui coulait dans ses veines?

Si Walter Sickert avait tué, c'était par exigence artistique. Le monde ne l'avait pas compris. Méconnu, calomnié, il n'avait pu devenir un grand peintre, unanimement apprécié et reconnu. Aussi Walter Milford s'était-il à son tour lancé dans cette aventure exaltante, dès l'instant où il avait pris conscience que Jack l'Éventreur n'était pas un banal meurtrier mais un artiste hors du commun.

Avec méticulosité, Milford avait donc suivi les traces de son modèle : même lieu, mêmes dates, même type de cobaye. Les prostituées d'un quartier pauvre n'exprimaient-elles pas à merveille le désespoir et la souffrance qui nourrissent toute grande œuvre?

En ouvrant les caches dont le peintre avait lui-même indiqué l'emplacement, Higgins et Marlow découvrirent effectivement des godets remplis du sang des quatre malheureuses et le journal intime de Walter Sickert. L'ex-inspecteur-chef le lut avec attention et prit quelques notes sur son carnet noir.

— Comment l'avez-vous identifié ? demanda Scott Marlow, encore abasourdi par tant de folie et de cruauté.

— Un concours de circonstances et le contenu d'une poubelle. La vision de peaux de fruits m'a fait songer à une exposition de natures mortes où figuraient des toiles de Walter Milford. Elles étaient très réalistes, en effet... à la peinture, il avait incorporé des peaux de pêche. Or, lui qui était si attaché à son art ne m'avait pas mentionné l'existence de cette exposition qui s'achevait pourtant le jour même. Modeste en elle-même, elle revêtait pour lui une importance certaine. Ce silence avait valeur de mensonge. Il dissimulait l'existence d'une « première manière » où, avant de s'attaquer à des femmes, il se contentait de dépecer des fruits.

— Quand vous avez examiné son matériel, chez Annabella, vous comptiez trouver une arme ?

— En effet. J'avais envisagé l'existence d'un pinceau truqué, analogue à la canne-épée du duc. Mais Milford était trop malin. Il nous a rassurés en abandonnant ce matériel chez sa future victime. Souvenez-vous aussi des débris de verre trouvés auprès du cadavre de Jenny, la seconde victime : un godet brisé, destiné à recevoir son sang. Tous ces éléments se sont subitement assemblés dans mon esprit, sans que je perçoive la vérité dans son abominable réalité. Milford a commis une autre petite erreur : il a parlé de la date. Je reviendrai demain, le 10 novembre, a-t-il annoncé à Annabella. Là encore il nous a rassurés. Mais, quelques minutes avant la fin de cette journée fatidique, j'ai eu la certitude que l'assassin allait jeter le masque. Celui qui avait besoin du sang de ses victimes comme il avait eu besoin de la peau des fruits, celui qui croyait que la mort lui livrerait les clés de l'éternité. Ce n'était qu'une hypothèse fulgurante, peut-être absurde, mais j'avais au moins une certitude : il me fallait retourner au plus vite chez Annabella. Si je ne m'étais pas trompé, l'assassin s'y trouvait déjà. Par chance, sur ma route, j'ai pu ramasser deux pavés dans un chantier. Je craignais que l'affrontement ne fût plus rude encore.

— Par saint Georges, murmura Scott Marlow, comment le Seigneur tout-puissant peut-il engendrer de tels monstres ?

*
**

Pendant qu'Annabella s'installait à la campagne, Walter Milford fut jugé et condamné à mort. Les débats furent brefs, l'accusé ne niant aucun des faits qui lui étaient reprochés. Scott Marlow fut porté aux nues, Higgins resta dans l'ombre.

Il lui restait une ultime tâche à accomplir pour clore cette affaire. C'est pourquoi il demanda l'autorisation de s'entretenir avec l'assassin.

Le peintre roux le reçut fort civilement. Sa mort prochaine l'indifférait autant que celle de ses victimes. Comme au tribunal, il n'exprima pas le moindre regret, sinon celui de n'avoir pu aller jusqu'au bout de son expérience en tuant Annabella.

— Vous avez mal lu le journal intime de Sickert, indiqua Higgins. Souvenez-vous de cette phrase : « Je suis innocent de ce pour quoi on m'accuse. Mais je suis coupable du plus grand des crimes : je m'accuse d'avoir découvert les plus grands secrets de la création. »

— Qu'est-ce que ça change ?

— Dans cette phrase, Sickert a dit la vérité. Il n'était pas Jack l'Éventreur. Vous vous êtes trompé de modèle.

Le peintre roux n'en crut pas ses oreilles.

— Ce n'est pas possible... vous mentez !

— Regardez ceci.

Higgins présenta à l'assassin deux pages d'un carnet noir, écrites de nombreuses années auparavant par la main d'un défunt inspecteur du Yard. Elles révélaient le nom du véritable Jack l'Éventreur et les preuves de son identification.

Quand les portes de la prison se refermèrent, Higgins reprit la route de son domaine, loin d'un monde où toutes les vérités ne pouvaient pas être dites.

Composé par EURONUMÉRIQUE 92120 Montrouge
et achevé d'imprimer en mars 1997
sur les presses de la Société Nouvelle Firmin-Didot
à Mesnil-sur-l'Estrée (Eure)

- N° d'imprimeur : 37843 -
- N° d'éditeur : DSY 13 -
Dépôt légal : mars 1997

Imprimé en France